生活與勵志

周嘉川 主編

生活與勵志

人生品味
品味人生

楊本禮 著

臺灣商務印書館

主編的話

周嘉川

台灣商務印書館最近為開創「生活與勵志」叢書，承副總編輯方鵬程的邀約，他也是我在國立政治大學新聞系的好同學，要我擔任此叢書的特約主編。正好外子楊本禮手邊有不少有關生活品味的文章，商務看了之後覺得不錯，立刻就決定編輯成書公開發行。

談到品味，就和我們過去在海外生活了廿年的歲月息息相關，本禮先後擔任我國觀光局駐澳紐和星馬辦事處主任的職務，我則先是擔任華航駐澳紐的業務代表，後是聯合報駐星特派記者，廿年相伴一同打拚，在工作和生活中體會中外文化的點點滴滴，也一同品嘗人生的酸甜苦辣，因此我為他這本書訂名為《人生品味・品味人生》。

人生品味的高低雅俗，最能從人們日常生活吃的、穿的、生活的環境和來往娛樂中顯現，因此本禮把這本書的內容按食衣住行育樂和趣逸八章分列，然後用有趣的故事和輕鬆的筆調，娓娓道來，總能引來人們會心的微笑。

作者天生好客，最樂於與人同樂，在派駐各國素有「最成功的主人」稱號，因為懂得美食和如何讓賓主盡歡，也讓他的工作無往不利。離開澳洲時，當時的參議院議長塞伯拉和眾院議長麥克雷，曾聯袂在國會大廈參院議長專用餐廳設宴歡送我們倆；對我們成功推動台澳直航，也有推波助瀾之功。

在新加坡因為前旅遊局長白福添，欣賞作者的品味，禮聘他擔任多年的旅館和餐飲業評審；他也長時間應邀為獅城主要的華文報紙聯合早報撰寫「酒逢知己」專欄；在華語愛心電台定期推介台灣的著名景點及吃喝玩樂。我們常有機會在家中宴客，他主開菜單、我掌勺，他甚至能把在餐館吃過一次的佳餚，就能告訴我烹調的方法。作者還有一項本事，就是較熟悉品牌的洋酒，嘗一口就猜準了是那個年份的酒，品酒能力一流，他也因為對酒的鑑賞力和知識，出版過好幾本有關這方面的書，像《酒道》、《酒話》、《酒典》等。

在穿著上，作者有他傳統又獨特的品味，他有一次應邀對新加坡台商演講，他說，自己對顏色的選擇，完全是師法大自然，鮮艷奪目的熱帶魚、萬紫千紅的野花和燦爛似錦的秋雲，他曾說大紅大綠不一定就俗艷，恰當的比例會讓衣著色澤美不勝收。十多年前在澳洲時，他開始打領結，早先在新加坡卻還看不到好花色，我索性請我的裁縫師傅，用我製衣多餘的絲料為他縫製漂亮的領結，每日並親手為他打出生動有緻的花結後再送他出門，給我們帶來十年如一日、每日一度四目相視的片刻。

作者在生活中逐漸提升自己的品味，也以這些生活的經驗去豐富自己的人生，作者期盼廣大的讀者也能分享他人生品味和品味人生的心得。

自序

品味是屬只可意會不可言傳的一門藝術，品味更可以說是一種人生閱歷和經驗的累積。見多識廣者的品味，自較故步自封者為佳。到目前為止，還沒有出現所謂的「品味學」。不過在日常生活中，只要仔細體驗，品味自在其中。其實品味並不是一門深奧的學問。

本書共分食、衣、住、行、育、樂、趣、逸八章，每章又有個別主題的單元。譬如說，在食之章裡，有一篇筆者點出了速食與痴肥是社會健康的腫瘤；另一篇也提到懂得飲食的挑剔，並不是吹毛求疵，反倒是一種藝術。在衣之章裡，筆者勸消費大眾別一窩蜂趕流行，選購衣服也是一門藝術，名牌也不見得對自己都合適。

在住之章裡，筆者點出了古老建築是歷史的串連，不可輕言摧毀，也點出了現代人們對住應當有的品味。在行之章中，筆者提到禮讓是初學開車者的首課，禮讓是一種美德，也是一種行車者品味的展現。

在育之章裡，文中點出要讓小孩子們都有快樂的童年；另兩篇文中有談到小留學生的悲哀、父母望子成龍造成的惡補，這些也都是扼殺快樂童年的元凶。在樂之章裡，筆者認為懂得快樂也是一種品味，人在日常生活中要自尋快樂，卻不可自尋煩惱，前者懂得人生的品味，後者就是一個沒有品味的人了。

在趣之章裡，筆者提出回憶的樂趣和人生朝前看的樂趣，一個不會尋找前瞻樂趣的人，自然也不會留下任何美好回憶的樂趣，兩者都和品味密不可分。在最後的逸之章裡，筆者認為人要心性灑脫，才能在濁世紅塵中過安逸的日子；從容，更是逸之另一種表達的方式。特別是一個領導人，更應有從容不迫的修養。因為自己若不能從容應變，又如何能希望部屬去面對困難。

作者過去二十多年來派駐海外，擔任替政府推廣觀光的工作，從生活工作中體認到人生品味的重要性。品味就好像是本身形象的最好推廣，品味好的人，必懂得待人接物和應對進退之道，常會為工作帶來不少方便，執行起任務來，也更會順暢而沒有阻力。

品味可以由個人推及社會大眾，睽諸中外歷史，一個興盛的時代，一定充滿了有品味的社會大眾，各司其職，貢獻一己之力為興盛的世代而奮鬥；反之，倘若品味之士不多，急功好利之徒充斥各階層，其沉淪之景，自不待言。這正是作者撰寫本書的用意，如果能帶給讀者人生品味的訊息，讓你我都能細細品味人生，豈非心中一大樂事！

目次

第四章　行之篇

第五章　育之篇

第六章　樂之篇

第七章　趣之篇

第八章 逸之篇

第一章　食之篇

在新加坡時，作者擔任華宴評審，評審主題之一是美食的品味。

吃自助餐的藝術

到國外去從事商務活動，很容易碰到吃自助餐的場合。千萬不要以為吃自助餐就可以隨心所欲。其實，吃自助餐是一門很大的學問，取捨之間，個人平時的修養與身分，就會一一顯露出來。品味的優雅或庸俗，也可以從端菜的時候，讓人一覽無遺！

自助餐興起於國外，爾後在國內也成為一種時尚。很多人從小開始就有吃自助餐的經驗；不過，說一句不好聽的話，懂得吃自助餐的人並不多，更遑論去欣賞自助餐了！

自助餐，顧名思義，應該是自己為自己服務，換言之，也是自己對自己負責！因為一盤盤的美味菜肴展現在用餐者的眼前，讓他去自由挑選，而且展現的餐品前面也有菜肴的名稱，看圖識字，挑選適合自己胃口的美食最輕易不過！但是愈輕易的事，愈容易犯錯而失禮！

吃自助餐為甚麼會發生失禮的狀況呢？原因不外是：不願意去了解用餐的程序，不去了解各式菜肴的特性，不知道本身的胃容量。

首先，自助餐的擺設，冷盤、沙拉和湯算是前菜；然後是主菜，再是甜點和水果！至於菜色的多寡，要看價錢而定。價位高的自助餐，款式自然多，反之亦同。取菜的時候，應該循擺設的秩序而取用！不可以亂了章法！

其次，每種菜的面前，都有菜名的卡片標，不認識菜的樣子，也可以從卡片的文字說明了解那盤菜是甚麼！不可以盲目亂拿！

最後，自己最了解自己的胃口，能吃多少就拿多少，不可以因吃過量而到無法下嚥時，把剩下來的一大盤菜留在自己的座位上。

懂吃自助餐的人，一定是對每種式樣的菜先試少許，然後再決定去多取一點合乎自己胃口的菜！不要以為離開座位次數多，就是「失禮」！自助餐的目的就是要離開座位去拿菜，而不是一次拿完！

君不見，很多吃自助餐的人，一次就把盤子堆得滿滿的，有熱、有冷、有葷、有素，等到吃的時候卻會發現有很多菜是不合自己口味的；於是，把一大盤菜留在桌上，然後又去獵取第二盤，因為拿得太多而又吃不下，又犯下同樣吃剩的老毛病！這種自暴其短的吃相，不但突顯自己是一個極無品味的人，也會遭別人非議！

很多人因為過慣了輕率的日子，個人修養自然談不上，更不用說有品味了！

如何扮演做主人的角色

做主人點菜是一件很不容易的事。一桌十幾個客人，每個人的胃口多少會有點不一樣，如何能讓每一個客人都感到滿意，是做主人的一大考驗。再者，每一個客人的胃容量也不一樣，菜色分量的多寡，取決於主人的判斷。過多，幾近浪費；過少，失之於禮。分寸的拿捏，是一門學問！

一等一的主人，他不但會點菜，而且對餐館的菜肴特色，更是十分了解，不會點一些洋盤菜。主人本身不但懂得吃，懂得喝，並會知道用甚麼酒來配甚麼菜，喝酒用菜之間，把氣氛控制得非常融洽，沒有冷場，也沒有火爆場面。一等一的主人，也可以說是很有品味的主人！

次一等的主人對餐館的特色不太了解，本身對點菜的常識也所知有限。因此，菜的款式與量的多寡，完全取決於餐館的經理，好像根本和自己無關。於是，碰到有職業道德的經理，自不會有離譜的狀況出現；碰到一些沒有職業道德的經理，就會以「有機可乘」的心態，瞎亂為主人點菜了！

第三種主人是，熱情有餘，待客經驗不足，點了滿桌的菜，卻不知道客人的口味，也不知道客人的胃容量，主人一直在勸客人吃，熱情的招呼，會讓客人有卻之不恭的感受。一桌盛宴下來，客人們的肚子已經塞得飽飽，而檯面上的菜，還可以再吃另一餐！過猶不及，也算是一種失禮。

最要不得的主人是，自己本身所識有限，又要去冒充甚麼都懂，點起菜來，漫無章法，完全是自我為中心，對客人的存在根本加以漠視。這種不尊重客人的心態，是一種毫無品味可言的反映！

點菜，是一種經驗的累積。有經驗的人，只要是一開口，餐館的服務人員就會知道他是一個懂得吃的食客，對菜色的優劣，不敢絲毫隱瞞。舉一個最簡單的例子，當你去一個餐館點海鮮的時候，特別是魚，你問餐廳的服務人員，魚新鮮不新鮮？所得到的都是標準答案：百分之一百新鮮！可是，如果追問一句，是不是「游水」的？那麼答案就不一樣了！老實話也就說出來。因為餐館的服務人員知道點菜的人是一個懂得吃的人，不敢去欺騙他！菜點得好，賓主盡歡，做主人也就成功了。

Viandes

Main Courses

Entrecôte Grillée
sauce choron
Grilled sirloin steak served with choron sauce
(Lacal) 89.00 (U.S)135.00

Noisette de Veau
au foie gras, sauce aux trûffes
Pan fried veal loin served with duck liver and truffles sauce
89.00

Tournedos de Boeuf
aux morilles à la crème
Sauted beef fillet served with morel sauce
89.00

Filet d'agneau Rôti
aux champignons des bois et son rognon grillé
Roast lamb loin served with wild mushrooms
and grilled lamb kidney
95.00

Suprême de Volaille
julienne de poireaux et jus de Trûffes
Sauted chicken breast with julienne of leek and truffles essence
74.00

Chateaubriand Grillé (For Two)
bouquetière de légumes sauce béarnaise
Double fillet of beef served with seasonal vegetables
and béarnaise sauce
175.00

Mena House Hotel's Menu
（The Mena House 提供）

外文菜單與海外中餐

從事觀光旅遊的人，到了國外最怕兩件事：一怕到洋餐館點菜、二怕沒有中菜可吃！的確，點菜是一門很大的學問，而到處找中餐館則更是困難重重！

提到點菜，讓筆者想起一段有趣的小往事，一九七〇年八月，筆者當時服務中國廣播公司，奉命前往美國威廉波特城採訪少棒大賽。某夜，筆者正在餐館用餐，忽然間餐廳的經理過來問筆者會不會講華語，筆者回答說會，並問有何事需要幫忙，他說在前方有一對夫妻，好像不懂英文，看不懂菜單，兩個人各點三道湯，經理請筆者過去問一問。經查詢結果，他們是隨球隊來捧場的家長，的確不懂英文，也不知道看菜單點菜，問題癥結找出來後，問題也就迎刃而解！

上述的小例子雖和品味無關，但它卻道出不懂點菜的麻煩。不經查詢而悶頭亂點，也就會牽出品味的問題。沒有一個人是甚麼都懂的，但是，要有不恥下問的精神，才能顯示出個人的修養。修養好的人，自然有品味！

不久前，有一對年輕夫妻巴黎遊覽歸來，大嘆沒有中餐吃的苦經。到巴黎吃中國菜不是很怪嗎？更怪的是，他們好不容易找到中餐館，各吃一碗叉燒麵，但所費不貲，甚有吃「洋盤」的感覺！現在問題來了，出外旅遊，是不是非要吃中餐不可？如果是必要的話，要不要先去打聽一下，那裡才有道地的中餐館，而且不會有貨不對辦的狀況出現！

西洋人常說，當你到羅馬，就要做羅馬人做的事！同理，到巴黎自然要吃法國餐。許多有無數次出國旅遊經驗的人，他們還是不能「入境隨俗」，不能和當地文情風俗融合為一，換言之，也就是不懂、也不願意去欣賞當地文風的特色。從非中餐不能填飽肚子的固執個性來看，他們自然而然就會失去「大開眼界」的機會，也就是俗語所說，做人不夠瀟灑(CHIC)！一個不夠瀟灑的人，自然也就沒有品味可言了！

品味雖然與一個人的閱歷有關，閱歷豐的人，品味的層次自然也愈高。但是，一個閱歷不豐的人，也會有好的品味，為甚麼，因為他懂得觀察與學習，且有凡事都會追根究底，把別人的經驗吸引過來！好學不倦的精神，可以彌補閱歷的不足，也可以更灑脫的去展現他對事、對物的品味！

不要瞧不起小餐廳

不論是中餐也好，西餐也好，大的館子，不一定會有精緻的美食；反而是小的餐廳，往往會出人意表，常有饞涎欲滴的好菜端出來，讓老饕們享用！

小的餐廳可分兩類，一類是不講究裝潢，完全是以美食而吸引客人。到這些小餐廳吃的人，都是對餐廳的幾道拿手好菜而「情有獨鍾」。餐廳的主持人也只靠這幾道絕活討生活。因此，老闆也就從來不去想擴大門面經營這回事！很可惜的是，這些餐廳的老闆也就是主廚，他們的拿手好菜也往往隨著他們歸隱而失傳！新加坡的「德記海南雞飯飯店」，就是一個最典型的例子。因為主持人的下一代無志於承襲祖業而出外另闖天下，德記海南雞飯也就在五年前（一九九七年）結束了四十多年的老字號。喜歡吃海南雞飯的人都說，吃過德記海南雞飯的人，再也不會去吃別家的海南雞飯了！大有「除卻巫山不是雲」之嘆！

另一類的小餐館不但講究裝潢，而且更注重菜譜，經營這類型餐館的人，本身都有好幾手絕活，而且還有貴人相助，出資而不干預，讓他放手去做，這類小型餐廳，不論中餐或西餐，面積都不大，除了沒有兩、三間貴賓室之外，整個餐廳內的桌次，也不超過十五桌。但是，服務水準一流，氣氛絕佳，菜譜和酒單都是經過精心設計。價錢雖然高了一點，絕對是物有所值，吃過的人往往會變成常客！

國人常有一種請客一定要大館子，否則不足以顯示主人的氣派的錯誤觀念；而受邀的人，也常會有一種不當的想法，認為受邀到小餐廳吃飯，是主人對客人的「不敬」！在這兩種不正常想法相互激盪下，平白錯失到小餐廳品美食的機會！

從事商務旅遊的人，如果到了國外的話，不妨到一些有品味的小館享受一些平常吃不到的好東西，而這些菜肴，絕對是大餐館內吃不到的！精於商務旅遊而本身又有品味的人，自然知道為何去找專門供應美食的小餐廳。若是不常出外旅遊，一旦有商機而去海外，那又如何尋美食呢？其實不難，現在科技資訊發達，如果想吃美食或要請海外客戶的話，隨時可在網頁上找到相關資訊。等到抵達目的地之後，就可以從事先準備好的資訊中，找到你需要的餐館。如果是做主人的話，請客人到一家當地有品味的餐館吃飯，也會讓受邀的客人大吃一驚！從而對你肅然起敬！談起生意來，自然事半功倍了！

不要瞧不起小餐廳，很多大生意都是在這種有氣氛的場合下完成的！

到餐廳吃飯不可旁若無人！

自觀光商務旅遊蓬勃發展之後，國人到海外吃西餐的機會也隨著增加。但是到了西餐館之後，卻很少人能了解「輕聲細語」的重要性。旁若無人般的高談闊論，往往會把整個餐廳的優雅氣氛破壞。而且也顯示出本身是一個多麼沒有品味的人！

大約在二十年前，國內的西餐廳並不多，而且也只限於少數階層人士前往品嘗異國風味，他們都認為本身是有品味的人，到了西餐館，自然也知道約束自己，即使平常嗓門很大的人，進到優雅氣氛的館子，看到每張桌上點著蠟燭，座上的賓客都是溫文儒雅型的人物，自然而然會受到感染，而自動把聲音壓了下來。

隨著經濟起飛，國人外出漸多，國外駐台商務機構也紛紛在台設立商務辦事處，西餐廳如雨後春筍般出現。到西餐廳吃西餐自然成為時尚。可惜的是，時尚是趕上了，吃西餐的品味卻沒有培養起來。

記得有一次在倫敦的一家高級餐館用餐，忽然之間聲音嘈雜起來，回頭一看，來了五個講粵語的東方人。因為他們講話聲音太大，讓其他的用餐人士紛紛用不耐的眼神望著他們。奇怪的是，他們卻不為所動，依然嚷叫如故！筆者當時在想，難道餐廳對高分貝的容忍度有如此之大嗎？

不久，餐廳的經理到筆者的桌邊來，輕聲表示，希望筆者能去勸告他們一下，講話聲音放輕一點，因為已有不少客人在抱怨。他看筆者也是東方人，才有此一請。處在這種情況之下，只好勉為其難過去和他們打交道。不過，那幾位來自香港的「吃客」，卻以白眼回敬，對勸告置若罔聞。筆者也只好向經理表示，無能為力。大約五分鐘之後，經理帶了兩名服務人員，正式向他們提出警告，若再大聲講話，只好請他們離開餐廳。這幾位來自香港的旅客，可能養成了在餐廳高聲聊天的習慣，積重難返，要他們低聲聊天，實在是辦不到，他們也就自動結帳離去。在香港酒樓茶館吃飯，非高聲說話不可，久而久之，壞習慣一旦養成，要想去改，實在不是一件容易的事！

在餐廳吃飯，除了不可高聲之外，品嘗美味餐點的時候，尤不可從嘴裡發出聲音，試想，在咬嚼食物的時候，發出刺耳的聲音，是多麼的醜惡。記得在大學住校時，有某同學在同桌吃飯的時候，必定發出讓其他同桌吃飯的人無法忍受的聲音。最後，這位同學被列為不受歡迎的人物！

不要看吃東西是一件小事，因為一個人的品味高低，往往可以從小事中完全表露出來！

飲食要懂得挑剔

不久前，美國聯邦大理院的九位大法官，以七對二的比數，兩度認定「米藍達判決案」(Miranda Decision)。此案的精神所在是：「任何人都有權知道甚麼……」(You have the right to know……)。換言之，甚麼事都要攤開來，要透明化，不可有黑箱作業，讓參與人有知之權。

如何運用知之權，是一件很不容易辦到的事。就以飲食為例，如果一個顧客對喝的酒或吃的東西都不甚了解，又如何去「挑剔」呢？挑剔不是只亂找毛病；胡亂找麻煩，就顯示本身是一個沒有品味的人了！

現在筆者在想，如果「米藍達判決案」也可以適用到餐廳裡的話，顧客如何去運用它呢？

首先，顧客在看到酒單的時候，他應該「有權」去了解酒的底價是多少！當然，他不可能到餐館喝底價的酒；同樣的，他有權知道底價和印在酒單上的價錢有多大的差異！

第二，顧客有權去要好的酒杯，因為他花了高的價錢喝酒，酒杯的品質自然要和酒的價位相稱。讀者有沒有注意到，有不少餐廳，甚至是有名氣的，其所用的酒杯，都是次貨。

第三，顧客有權要求餐廳所提供的酒的溫度，應該符合酒本身所需要的溫度。譬如說，一瓶白酒應該是華氏六十度。過低幾近冰水，過高與溫水無異，都不合白酒的標準溫度。一瓶紅酒的溫度，總不應該是一杯溫開水的暖度。因此，當酒的溫度不對時，顧客有權要求把酒的溫度搞對之後，再給顧客享用！

第四、顧客有權要求服務人員在倒酒的時候，不但要懂得規矩，而且不可亂倒。按規矩講，酒倒到酒杯的三分之一是最標準的。可是，不少餐廳的服務人員，總是超過三分之一，有時是酒杯的一半，尤有甚者，竟會倒到三分之二杯以上，有這種心態的服務，不外是希望多銷酒，或者是省事。碰到這種情況，顧客有權挑剔。至於倒的時候，因為粗心大意而致酒滴到顧客的身上，或者是酒滴在菜盤上，那就更需要挑剔！

第五，酒單一定要不斷更新，只要是酒單上有的酒，一定可以提供給要點這種酒的顧客，絕不可以用「沒有存貨」的理由來搪塞。尤不可恕的是，在酒單上更改價目。現在電子印刷十分快捷，隨時更換酒單，並不是一件難事。如果餐館連這種最起碼的服務都不願做的話，餐廳受到挑剔，只能算是咎由自取。

你有權去挑剔，但你也要緊記，不可為挑剔而挑剔！

千禧龍年酒

你可曾聽過「千禮龍年酒」這個特別名詞嗎?如果有的話，你可曾品嘗過嗎?這是澳洲南澳省巴魯薩河谷艾爾德頓酒廠(Elderton Winery)最新出品，也是為華人而釀造的。因為酒廠的老闆知道華人對「龍」這個生肖情有獨鍾，而二〇〇〇年又逢千禧龍年，於是靈機一動，千禧龍年酒也就應運而生!

千禧龍年酒所用的葡萄是一九九六年的舒萊茲(Shiraz)葡萄。一九九六年是一個豐收年，巴魯薩河流域的舒萊茲葡萄尤佳。艾爾德頓酒廠用它來做為首發的葡萄酒，極具收藏的意義。因為用一九九六舒萊茲葡萄釀造的紅酒，可以長久收藏。貯存愈久，酒味愈醇，即使再過十年才喝，其醇醪香味只會增加，而不會減少。

艾爾德頓酒廠對千禧龍年酒的推出，極為重視。數量不多，而且只發行大瓶裝(Magnum)和特大瓶裝(Imperial)兩種，前者只有二千瓶，後者只有十瓶。可見是多麼的慎重其事。酒廠稱之為：「限量發行」(Limited Release)！

大瓶裝的酒瓶顏色是黑色，酒瓶上印有一隻銀色盤龍，龍的下面寫有千禧年，公元二〇〇〇年字樣，並把舒萊茲葡萄名字印在上面。千禧龍年酒是用圓桶酒盒包裝，酒瓶長而不胖（註：法國大瓶裝的酒瓶，矮而肥），酒盒打開之後，首先可以看到一張證書，說明該酒廠以龍年為首，先發行千禧龍年酒，然後隨生肖的排列，還要繼續發行如千禧蛇年酒、千禧馬年酒等，也好讓對收藏各種生肖玩意有興趣的人，多一種收藏生肖酒的嗜好！因為千禧龍年佳釀是有其限量的，以筆者收藏的證書而言，已經排到第〇五七七號了！

也許有人會問，千禧龍年酒的味道好不好？現在喝是不是會早了一點？筆者有一次在文華酒店喝過，它的顏色呈深紫色。開瓶倒杯之後，會嗅到一種香草混含著胡椒的辛辣味，但是入口過舌尖之後，口感會有一種帶純香草含混著胡椒的甘澀味，但在口裡轉一轉之後，它的芳醇特色就完全出來了。相信再過十年之後才喝，它的味道會更香，更醇！

千禧龍年酒若佐以紅肉和野味（鹿肉、山鳩或鴕鳥肉）最為恰當。在中餐方面，當然配以紅燒肉食最好！

參加亞太旅遊協會成立50週年「半世紀之宴」前攝於國宴廳前，這種場合，一定要穿禮服。

賭城拉斯維加斯的玻璃酒塔

你可曾知道，美國賭城拉斯維加斯除了賭之外，還有美酒可品嗎？如果你去過拉斯維加斯的話，你有去過Aureole餐館，看過四十二呎高的透明酒窖，品嘗過那裡收藏的美酒嗎？如果在你的記憶裡，賭城除了各種不同形式的賭或者是你的輸贏的數目外，其他一切就完全不清楚，那麼，拉斯維加斯你可以說是白去了！

Aureole餐館是一間很特殊的餐館。光以酒的收藏量而言，截至二〇〇〇年六月一日為止，就有二千三百種不同的酒，一共有四萬五千瓶，分別陳列在透明的玻璃酒窖內。客人一進餐廳，就可以看到這座高四十二呎的酒藏窖，而且還可以看到兩位妝扮成黑貓的美女在活動的樓梯裡，爬上爬下。她們的工作除了為顧客尋找他們要點的酒之外，還隨時補充已經出售一空的酒。餐館的保證是，永遠要讓酒架內，沒有空餘的地方。

Aureole餐館所收藏的酒，可說是包羅萬有，從法國的五大名酒，到美國本土的極品，從澳洲巴魯薩河谷的珍藏，到義大利的國酒。而年份則是從一九〇〇年開始一直到一九九九年為止，其間的好年份珍藏，都可以在酒單上找到。

透明酒窖共為三層，一層的溫度維持在華氏四十度，專門用來收藏香檳酒和稀有白酒的，華氏五十五度的一層，則是給稀有紅酒專用的；最上的一層，溫度經常保持在華氏五十九度，可以容納一千個酒櫃的酒？它們的年份都是近十年的好酒。（註：一個酒櫃(BIN)，可容納二十～三十瓶酒。）

到Aureole餐館喝酒，除了是一種享受外，也可以「免費」增廣見聞。一般餐館的酒窖，均設在地下室或另闢冷氣間，除了餐廳內少數人知道酒是存放在那裡之外，其他的人根本不知道，更遑論帶領顧客參觀。而Aureole餐館內透明玻璃酒庫，除了讓人一目了然外，餐館內的服務人員，還會特別為對酒有興趣的客人，解說收藏內容、技巧以及酒的比較年份。除此之外，餐館內所使用的酒杯，更是一級棒。看到酒倒進晶瑩的酒杯內，酒在輕搖轉動之間，酒的顏色透過燭光所反射出來的蘊潤色澤，即使不會喝酒的人，在感受氣氛之餘，也會喝上兩杯！

Aureole 餐廳內的玻璃酒窖，現在已贏得「酒塔」(Wine Tower)綽號，而美國《酒觀察家月刊》的編輯、資深記者和對喝酒有品味的顧客們，分別透過採訪、分析和投票方式，一致認為 Aureole 餐館在世界有名的二千家餐館中，名列前十名之內。

如果你下次有機會再度重遊拉斯維加斯賭城的話，別只記得去做「人無橫財不富的夢」，也要去領略一下美酒和美食的美好人生。

請客人吃飯也是一種藝術

常常聽朋友抱怨說：「花錢請吃飯還要惹得一肚子氣，真是冤枉，下次再不請這類客人了！」這是做主人發的怨氣！有時做客人的也會抱怨連連，因為老死不相往來的人，居然會同檯吃飯，而且還要相互敬酒，吃下去的東西，實在消化不良！

其實，上述諸多怨言，都是可以避免的。不愉快的事情之所以會發生，都是和主人有關。如果做主人的人，能在發請帖之前，好好盤算一下同桌客人的身分與地位是否相稱？客人與客人之間，平常有沒有過節？除了客人本人之外，他們彼此之間的配偶，是否也不太搭調，凡此種種，都能事前理清頭緒，那麼，飯局的結果，自然是圓滿而且還會讓客人們留下愉快回憶，並期待續約！

做主人除了要對客人們的相互關係了解清楚外，還要注意現場氣氛的掌控。不可因自己滔滔不絕而讓所有客人都變成「聽眾」；也不以只讓「張三」專美而冷落他人。主人在敬酒的時候，也應該很有風度的舉杯相邀，切不可霸王敬酒，讓無酒量的客人窘在當場。

做主人要有主人的風度，切不可在席間品評他人，因為被品評的人雖不在現場，但難保在座的客人，會是他的知交和親戚。很多不必要的誤會，都是因為主人在談話時的題目不得體，而致引起日後沒必要的口舌之爭。如果是一個有品味的主人，絕不會在席間說三道四，即使客人們漫不經心說一些是非話，主人也應該很技巧的將話題轉變！

筆者在大學時代，有一次與三數好友閒談，不知道是那一位仁兄提到程天放先生的事，筆者也就順口接下話題，把剛從雜誌上看到程先生出使德國的失禮之事講出來。講完之後，同座一位程姓好友板著臉對筆者說：「他是我的大伯父！」隨後離座而去！自得過這個嚴重教訓之後，筆者立誓，絕不在公共場合，尤其是吃飯喝酒的地方去說一些易引起是非的事情，即使所說的內容屬事實，但經第三者之口轉述，往往會和本身所說的內容，相去甚遠！

做一個主人，如果能夠把握只談輕鬆愉快的事，而不去談蜚短流長的話題，相信是皆大歡喜！做一個主人，如果能把當晚的菜肴和飲用的酒，很有技巧的配合，讓每個客人都會有自己喜歡的菜可吃，有自己喜歡喝的酒可飲，那麼，做主人是成功了！主人的品味也就表露無遺了！

速食與痴肥

速食是美國文化下的產物，痴肥也就是自然的結果。美國人，上至政要，下至健康理療員，對痴肥人口的迅速擴散，一再發出警訊。甚至柯林頓總統對本身的超重體型，也做了節食的適度調整，並呼籲美國人要注意飲食習慣，不要變成一個痴肥的人。可惜的是，美國人不但不聽，美國的速食文化卻像「瘟疫」般蔓延到世界各地。這種嚴重情況如果不能加以遏阻，相信再過五十年之後，世界人口只有兩種：一種是痴肥的人，另一種則是皮包骨的人！

速食文化是一種毫無品味的吃的文化。因為它不需要經過料理，也不需要服務，即使是沒有桌子、椅子或餐具，一樣也可以站著用手拿著吃。既不雅觀，也不消化，而速食品的質地，除了肥油之外，就毫無營養可言了！

若干年以前，有一位退休的法國外交官，他在接受美國記者訪問時，特別提到「速食」這回事。他說：「在法國，工作午餐一定是按規矩送酒上菜的；在美國，工作午餐則是速食一份，冰水一杯。」文化背景的差異，也引發了一般日常生活的差異。就以吃而言，有品味與沒有品味，就會有明顯的差別。

速食品的產生，和美國「大量生產」哲學有密不可分的關係。它也是美國四通八達的高速公路網內不可或缺的一環。在美國高速公路上開車，如果沒有速食店存在的話，相信開車的人口也不會急速上升。因為他們沒有辦法趕路。速食店愈普遍，吃東西不講究品味的人，也就愈來愈多。這是自然的結果，無足為奇！

速食文化的擴散，也就讓餐桌禮儀沒有存在的必要。父母為了求簡便，往往是讓孩子們用速食來解決飢腸轆轆的問題。全家坐在一起吃正餐的機會也就愈來愈少。再加上電視文化侵襲了每一個家庭，電視全餐也取代了正餐的地位。當父母子女都在全神貫注電視節目的時候，那裡會有時間去注意吃，更遑論品味和禮儀了！

目前台灣流行小學生放洋。試想，一個正在成長中的小孩，他正需要父母的照顧，可是，他卻流放異邦。有些父母振振有辭的說，我們是為了小孩的前途，才不惜花大把錢把他們送到國外受教育。其實，這只不過是父母們不負教導責任的遁詞而已。別的不談，就以吃這個最簡單而又是最嚴肅的問題而言，父母親就沒有盡到教育的責任！

在以用速食成長的人，不但不會有好的健康，更不會有吃的品味。這個嚴肅的問題正面對著每個家庭，如果處理不好的話，後果十分嚴重！

要懂得吃西餐

很多朋友，一聽到吃西餐就愁眉深鎖，好像是去受罪，而不是去享受！有這種反應的人，不外是，先天上對外國洋餐的排斥，以為除了華夏美食之外，蠻夷之族根本沒有吃的文化。另外一類反應是，不了解西餐的禮儀，看了座位上擺滿了各式杯盤和餐具，內心就發毛，不知如何應對！其實，西餐是很講究調和的。除了先天上就排斥西餐的人不談外，一般的人對西餐應該可以接受，只要稍為注意一下西餐的禮儀，就可以真正欣賞到西洋文化食之篇的精緻所在了！

吃西餐最重要的一點是，絕不「分食」。「分食」是華夏美食的專用吃法。從好的一層來看，是一種禮讓，做主人的總是把好的挾給客人先嘗，或者是自己的分量太多，把多餘的挾給別人，不要讓好的食品，平白浪費。可是，這兩種「美德」不是放諸天下皆準的。它絕對不能用在西餐上。吃西餐的首要「忌諱」就是「分食」。到了一家高級西餐館，如果做出「分食」的動作，就會顯示出本身是一個不懂吃西餐的人，更遑論品味了！

到西餐館的衣著要十分注意。很多高水準的西餐館本身都會有「衣著禮節」(Dress Code)，要客人們注意。因為規定要穿西裝，打領帶的餐館，絕不可便裝進去。一些嚴格規定的西餐廳，寧願生意不做，也不可以把自己的規定束之高閣，而對衣衫不整的人，網開一面。目前在歐美大城的少數高級西餐館，為了不讓客人，特別是觀光客失望，特別還準備了一些現成的西裝、襯衫和領帶，讓穿便服的客人臨時更衣整裝，以便進入餐廳吃飯。不過，臨時穿上別人的衣服去吃飯，相信再好的菜，也不會提起興趣的。

使用刀叉是西餐最重要的學問。如何切割，尤其是牛排，尤需注意。筆者當年在出國留學前，有一位長輩特別請了幾位準備負笈歐美的晚輩吃西餐送行，並順便教導如何吃西餐，免得到了國外之後「出醜」！記得有一位同輩親友在吃牛排的時候，先用刀把牛排切成一小塊、一小塊，準備再食而嚥之！那位長輩看到之後，立刻給諸晚輩們「機會教育」，他用嚴肅的口吻說：「吃牛排切不可先把牛排切成很多的碎塊，然後再吃，這種做法，不合乎西餐禮儀！」他看到另外一位晚輩在喝咖啡的時候，用咖啡匙來喝咖啡，那位長輩看見，也即刻加以糾正。這雖是三十多年前的事，但卻記憶猶新，永誌不忘！

品味是無數經驗的累積。多注意、多觀察，自然會有心得，那麼，吃西餐就會變成是一種享受了！

喝英式下午茶的情調

自西風東漸，喝下午茶(High Tea)也在國內風行起來。下午茶是英國人生活的一部分，後傳至歐陸，隨後飄洋過海而至美國。在東南亞諸國中，受過英國影響的國家，時至今日，仍有喝下午茶的習慣。國內人士和下午茶接觸，應是近幾年來的事。不過，經常從事商務會議或旅遊的人，對喝下午茶的機會應該很多，但要懂得欣賞，然後才能體會出它的情調。

時下一般人往往會把 High Tea 與 Tea(Coffee)Break 弄混。前者是一種享受式的休閒，後者則專屬會議間的暫短休息時刻（約十五分鐘）。吃的東西也完全不同。前者種類繁多，甚至還有帶肉的點心，英國人也稱之為 Meat Tea，而後者除了提供咖啡或茶外，最多只放幾盤餅乾及小甜點，因為它的主要目的不是在吃！

在英國及澳洲或紐西蘭，喝下午茶絕對是一種享受。英國人原先把下午茶的時間放在下午五點，隨著環境的變遷，下午茶也就提早，有些地方甚至從下午三點開始，五點左右結束。講究喝下午茶的地方，一定會有輕型樂隊伴奏，也有單獨的豎琴演奏，音樂悠揚，而且窗外的景致也特別優美，不是讓客人們欣賞花園內彩色繽紛的花，就是遠眺窗外的湖光山色！讓因旅遊而帶來的疲憊，一掃而空。

喝下午茶也有規矩及講究的地方，服務員會在客人的面前調配客人所點的茶，然後再把客人所點的點心送過來，客人不需要走來走去拿點心，可以安心的坐在沙發椅上盡情享受。在這種場所欣賞下午茶，一定要注意禮儀，而衣著也要注意，不可隨便穿衣。聊天的時候，也不應提高分貝，讓全場為之側目。

普羅大眾級喝下午茶的地方，則是以自助餐的方式提供下午茶的點心和飲料，沒有表演。點心的式樣，在多而不在精，茶和咖啡都是現成的，也是要自取。在這種場所喝下午茶，衣著不太講究，但總不能衣衫不整。不過，在拿點心的時候，切忌一次拿太多，更不能第一盤沒有吃完，就去再拿第二盤，甚至第三盤。因為這樣一來，就會有杯盤狼藉的亂象出現，會遭致鄰座客人，甚至收拾盤杯的服務人員白眼，而有失身分。

不要以為喝下午茶不是正餐就可以隨便，一個人的修養和品味，往往就是在最平凡的場合中表現出來！

中國人是一個很講究吃的民族，對餐桌禮貌也很重視。餐桌禮儀的式微，可能和戰亂年年或經濟仍未蓬勃發達只注重填飽肚子有關。目前我國的經濟發展，也進入世界強國之列，但國民禮儀仍未隨著經濟起飛而有所改善。《人生品味・品味人生》系列的食之篇，就是希望讀者能舉一反三，把吃的品味提高，把填飽肚子的舊思維轉換而成為欣賞的新思維。庶幾，本文的目的也就達到！

第二章　衣之篇

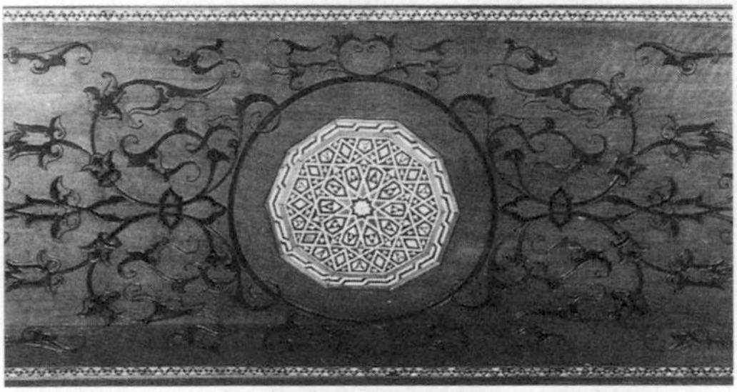

穿衣的靈感來自深谷幽蘭

復古與時尚

你可曾想到過把過時的衣服或領帶留起來，等到「復古」時再穿？《紐約的秋天》正在上演，看過那部電影的人，都會對李察吉爾的一身裝扮留下一種有似曾相識之感！為甚麼，因為他穿的都是二、三十年前流行的衣服和領帶，兩鬢飛霜的李察和飽經世故的薇諾娜手牽手在楓紅似火的紐約公園裡漫步，那是一幅多麼有品味的照片，讀者也有過這種浪漫而又優雅的經驗嗎？

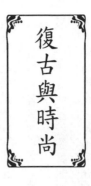

衣服復古是時裝設計家們的行銷策略，因為每一世代都有不同的審美眼光，如果把時光倒流，用三十年前的衣著，展現在另一個新世代的眼前，復古也就會變成另一個世代的新時尚。

現在已進入二十一世紀，不只二十世紀八〇年代，甚至七〇年代的衣服，又在時裝展覽的會場上，大展雄風。當時流行的格子西裝和格子西褲，目前一再出現在男性模特兒身上；而女性的百摺裙，變成搶手的時裝，至於顏色，也由多元變單元。深色如黑、如寶藍，淺色如純灰和杏皮紅，都是E世代的寵愛。不過，當他們的父母看到子女們穿著都是他們年輕時代的衣著時，多少會興起時尚復古之嘆！

看過《老千計，狀元才》(The Sting)這部電影的人，都會覺得三〇年代的流行款式，會出現在七〇年代演員的身上，是一件不可思議的事。看到勞勃瑞福和保羅紐曼兩個人的一身裝扮，就好像是三〇年代的芝加哥高層社會的菁英，一一浮現到七〇年代人的眼前，於是復古之風大興，有些身材沒有變的人，甚至還可以從舊衣櫥裡拿出三十年前的衣服再穿，在穿街過巷之餘，還受到不少崇拜時尚的人的稱許。

記得在六〇年代，男士們用的領帶，由極寬變得極窄，西穿的雙領也起了革命性的變化，西裝的衣扣，也由三顆變成二顆。甘迺迪總統穿的西裝，成為一時之尚。仿效的人，自然有若恆河之沙，不及細數！可是，到了雷根總統在位的時候，由窄到寬的西裝，一再由明星總統帶頭穿著，崇拜時尚的人，自然也就「棄舊歡新」！

時尚與復古是不可分的，除了衣服之外，也可以從其他各行業中表現出來。別的不說，以手錶為例，單單是表面上的計時數字，就改變了不曉得有多少次，現在表面的羅馬數字，又大行其道，簡單的阿拉伯字母已不復存在。復古也就變成人們追求的時尚。

人可以不可以追求時尚呢？答案自然是肯定的。因為時尚是代表時代永遠前進的指標。如果沒有追求時尚的精神，人就好像是活在一池死水裡，了無生機，只不過是在追逐時尚之餘，要謹記本身的條件，逾越了這道界線，就變成一個沒有品味的人了。

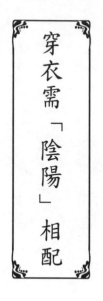

穿衣需「陰陽」相配

穿著可以適時表露身分，因為在現實生活的世界裡，「先敬羅衣後敬人」的世俗觀念仍牢不可破，但是穿著一定要和本身的條件相配，因為身分是陽，衣著是陰，陰陽調和，才能展現出特有的氣質。

穿衣服要講究場合，甚麼樣的場合，穿甚麼樣的衣服已是社交禮儀中一條不成文的規定。因為場合是陽，穿著是陰，如果陰陽不相配，小則尷尬，大則失禮。穿著界流行一個笑話，某教授應邀前往天體營講課一週，第一天上課時，教授衣冠楚楚，可是當他一踏進教室時，卻發現所有學生都是裸裎相對，他不但臉紅耳赤，所有學生均大吃一驚。一週講課之餘，教授也能和學生「打成一片」，結業歡送會的當晚，教授以貴賓身分應邀出席，這回又讓他臉紅耳赤，因為所有的學生都衣冠楚楚，只有他一個人是赤裸而來，這雖然是一則笑話，但它道出了穿衣與場合不配的尷尬現象。

在一個正式宴會的場合裡，主人發出的請帖，都有穿著的指示(Dress Code)。受邀請者一定要按照穿著指示而裝扮，切不可逾越指示。穿便服的場合而硬穿整套西裝固然不對；規定穿禮服的場合反而便裝而行，讓自己變成宴會裡的「異類」，那是多麼的不得體。

男士穿衣服要注意顏色的搭配，女士們尤應注意。顏色與衣服的搭配是陰陽調和的高度表現，也是本身藝術境界層次高低的表徵。顏色的選擇是一門看似高深的學問，其實，它是一種順乎自然的選擇。很多人都不敢把各種不同濃烈的顏色配在一起，以為這是一種極不相稱的搭配。可是，如果從自然的生態眼光來看，這是一種最調和的搭配了，舉例來說，看過熱帶魚的人，都對那種五色繽紛的顏色揉合在魚身上而留下深刻印象。看過熱帶彩色鳥的人，都會對不同強烈對比顏色同時出現在一隻鳥的身上，而嘖嘖稱奇。美麗的七彩秋雲，也是一幅讓人過目難忘的畫。熱帶的奇花異果所顯露的顏色，也在在說明只要是自然，不論甚麼樣的濃烈顏色合在一起，都是美好的搭配。

明白自然相配的道理，穿起衣服來就不再會有溷於顏色相配的老舊觀念。懂得順乎自然的人，在顏色搭配上也就能夠得心應手。如何懂得去順乎自然，那就是看個人的修養，見聞愈廣的人，體認愈深的人，穿起衣服來就更能顯示出他（她）的身分。他（她）的品味自然而然也就流露出來。

別一窩蜂趕流行

時尚並不表示一窩蜂，不符合本身條件的東西，即使是再流行，也不應該去趕搭「時尚列車」。因為東施效顰的結果，足以顯示出本身是一個沒有品味的人。

記得當年《羅馬假期》電影一出，「赫本頭」成為全球的時尚。滿街的婦女們都梳著「赫本頭」；可是，真正能表現出奧黛麗赫本那種純真無邪少女特質的人，又有幾個？

現在「哈日文化」又在台灣大行其道；但是，因為國情不同，文化背景各異，追逐日本時尚的結果，反而是失落了自己，卻沒有得到彼邦的認同。

不少從事商務活動的人士，到了國外，購物贈友自是人之常情，但是，當選物贈友時，有沒有考慮到受贈者的嗜好和他（她）們的習慣。很多禮品都是因為不合需求而平白浪費。筆者有一個親身經驗，有一次從美國回來，當時美國男士們的穿著講究「復古」，穿著三〇年代流行的衣裝，展現在七〇年代的社交場合裡，特別顯得出有品味。其中最讓筆者欣賞的是，夾在襯衫領上的領針（也有是穿過領洞的領針）。於是，筆者也就隨著「時尚」而買了一些回國送給朋友，是謂「時尚之禮」。可是，不久之後，筆者卻發現，這些禮品是白送了，因為受禮之人，根本不了解它的用途，而且也沒有用它的習慣，這種方式送禮，不但達不到「略表心意」的效果，反而會遭「白眼」的回應。有了這次教訓之後，再也不敢憑自己之好而為友選物了。

談到衣著，似乎也不應趕時麾。還記得「迷妳裙」的時代嗎？能夠有資格穿迷你裙的人，一定要有一雙修長而又不露骨的美腿，如果沒有這個條件的人，一旦穿上，本身的弱點，藉著時麾的衣服而暴露無遺。

整容也是一種時尚的罪惡，整容的原意是，為受傷者還我原來的面貌，這種外科醫療對傷者能否復原，並無百分之一百的把握，只不過是抱萬一之想。可是，當這種復原的外科醫療科技用到一個本身毫無傷痕而非要去把她變得更美的人的身上時，隨後而來的痛苦故事，真是罄竹難書。

一個人的美是自然的，也是天生而來的，美自然也會隨著歲月的飛馳而有所變化。

我們不可能讓時光倒回，自然也不能讓美永恆不變。最近在CNN拉瑞金的節目中，看到他訪問法國第一美女明星凱薩琳・丹娜芙，這位在六、七〇年代紅透歐美影壇的美女，現在已是祖母級的人物，歲月的痕跡已在她那張秀麗的臉上展現出來；可是，她的風華卻沒有因為流轉的時光而讓它消逝，如果她逐波般的追求時髦而去整容，其結果一定是，不但不能從時光隧道中把昔日之美追回來，而本身也就變成一個風華不再的凡人了。

甚麼是「風華」，它就是一種獨一無二的「品味」。

時裝模特兒

美國有線電視新聞網，每週六和週日下午都有各半小時的時裝節目(Style with Elsa Klench)，除了每季的時裝展示之外，平常也有不少的精彩表演。模特兒們走著狐步，穿著走在季節前端的衣服和現場觀眾以及全球各地電視網前的觀眾見面，讓大家都會有耳目一新的感覺。不過，穿在時裝模特兒身上的衣服，是不是一般人都可以穿呢？答案是見仁見智，各有不同的解讀了。

記得六〇年代剛流行上空裝的時候，穿在模特兒身上是多麼的誘惑，一時風起雲湧，連甘迺迪遺孀賈桂琳穿了一襲上空裝在紐約街頭亮相，還被狗仔隊拍到照片刊在報章上而引起非議，衛道之士認為賈桂琳也擁有過第一夫人的頭銜，不應和模特兒一樣走在時代前端。（註：這裡所指的上空裝是女性不用胸罩，而非赤裸上身！）賈桂琳上照的那套衣服的確很美，再配合她的打扮和首飾走過街頭，微風吹起秀髮，的確很有品味。時至二十一世紀，上空裝已不再是甚麼了不起的衣服，時裝表演裡，多數模特兒都是不用胸罩的。但在三十年前這類衣服，只有大膽和有前瞻性的人才敢勇於一試！

要試模特兒的衣服，本身的身材至少也要和模特兒相稱。譬如說，迷你裝款式的衣服，非有修長腴潤的雙腿，不足以亮相；長及地的晚禮服，也不是個子短矮的人可以撐得住的。這也說明了一點，本身體裁不合穿模特兒型的衣服，即使再有錢也不要去試，否則只會自暴其短，顯示出本身是一個財大氣粗，毫無品味的人！

現在資訊發達，交通無遠弗屆，地球村也日漸形成，時裝模特兒的衣服，不需要在時裝店的玻璃窗櫥上才可以看到，網路上多的是時裝表演，只要一按鈕，各種時裝資訊都會出來。不過，在瀏覽網站的時候，最好要問一問自己的條件，能不能和模特兒身上的衣服相稱，否則通過電子購物買時裝，也是一件頂冒風險的事！

Elsa Klench 女士在介紹不同設計師所設計出不同風格的時裝時，她都會訪問設計師，要他們解說衣服設計的特色，是給甚麼樣人穿的，從設計師的口中，不難了解到他們所設計出來的衣服，並非衡諸所有仕女身上皆準的。因為時裝是時尚、穿衣是品味。如果能把兩個看似相同而又有距離原則把握住，那麼，即使是一件平凡的衣服穿在自己身上，也就顯得品味十足了！

領帶是男性品味的代言人

不要小看一條領帶，它是一個人有沒有品味的表徵。領帶顏色的選擇並不是一門高深學問；但是它的重點卻在與衣服相配。如果領帶的顏色不能和衣服協調，那麼，領帶就失去它的原有作用。

領帶的保養十分重要。君不見，很多人沒有注意領帶的保養，以致油垢斑斑的領帶也打了出來；皺得像鹹菜般的領帶也常有人在用，像這種不尊重本身衣著的人，即使是腰纏萬貫，位高權重，也是一樣沒有品味的。因為品味的等級，不是靠錢或勢，而是以個人的修養作為分等的依據。

時裝設計師們為領帶色澤的調配，不外分為三類：

第一：以自然景色為依據，如雲的色彩，千變萬化，而領帶也可以從雲彩中得到靈感，而藍天白雲也成為保守一派領帶設計師的主要依據。除了雲之外，熱帶魚的鮮艷色彩、熱帶植物，特別是花的奪目顏色，在在為設計師提供設計樣本，爭取新潮顧客。

第二：以純色為主要依據。這種領帶原先流行於保守的英國社會；但是，純色領帶色系如純黑、純銀和純藍等，也漸為英國以外的人所接受。特別E世代的人，他們都會打純色領帶而配以純色西裝，以突顯他們的「酷」，突顯他們是另一世代的人物。

第三：傳統的橫條和斑點的領帶，永遠不會受到揚棄，因一般打領帶的人，都不太喜歡領帶的顏色和設計太過突出，這種沒有甚麼改變的款式，就是專門為隨和的人而設的。

在打領帶的時候，除了要注意領帶的顏色要和西裝相稱之外，還要注意場合。譬如說，穿輕便西裝（非一套）的場合，領帶顏色不宜太沉；反之，如果是一個正式場合，如開會、教堂儀式或正式宴會（不需穿禮服），則領帶不宜太過花俏。本著這幾個原則打領帶，就不會有失禮之處，也不會被人譏為是一個沒有品味的人！

打領帶也要注意本身的身材，發福的人，不宜打過寬的領帶，顏色也不要太重，因為身材已經夠分量了，再配上寬而色重的領帶，會給人有沉重感；細長的人，可以用寬領帶來「加重」體型，領帶顏色也是一樣。

男士領帶好比女士們的胸針首飾，它雖然不是「主位」，但卻有「牡丹綠葉」的功效。打領帶是一種藝術，也是品味的代言人！

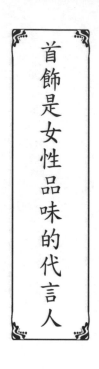

首飾是女性品味的代言人

前文曾說，領帶是男性品味的代言人，那麼，女性品味的代言人又是甚麼呢？首飾當之無愧！一位女性品味高雅與否，完全可以從她選用的首飾看出來，而首飾也可以反映出一位女性的個性，是剛強或陰柔、是優雅或媚俗！

採訪美國女國務卿歐爾布萊特有年的美國記者，一九九九年前來新加坡出席東協年會時，撰寫了一條有趣的新聞。它說，歐卿是一位女性胸針的收藏家，各式各樣的胸針有好幾百個，每一次出席會議時，都戴不同的胸針。而胸針的式樣，卻暗藏玄機！如果她出席一項會議是持強硬立場的話，那麼，她的胸針多屬以鷹首為主的圖案，反之，胸針的設計，則是以柔性的圖案為主。這則新聞是在歐卿來星前發布，等到歐卿來星時，看她與中國大陸外長唐家璇會面所別的胸針，卻是一雙大鷹頭，會議的結果如何，從老鷹頭的表情，自可看出！

歐卿是美國國務卿，她的胸針可以說是一個指標也好，是她的首飾也好，因為首飾反映了她的地位。她的胸針並不是甚麼特別值錢的珠寶，只是千奇百怪的圖案設計，引起記者的好奇，再由好奇心而發掘了別胸針的指標性新聞！

一般的女性們，她們別胸針或戴首飾時，雖然沒有歐卿的政治作用，但是，首飾卻為她們的女性美增加了個人的吸引力。因為女性的美有時也需要首飾來引發襯托作用，譬如說，一襲價位不高的晚禮服，如果能夠配上別緻的妝飾，往往在顧盼之間，也可以突顯出她的特殊風格，配戴首飾的目的也就達到了。

首飾，從耳環到戒指，從項鍊到胸針，從髮簪到手鐲，在在顯示出它們對女性的重要性。同樣的，女性對它們的需求也愈來愈高。女性們用首飾來表露出她們的身分與地位，也成為時尚，且蔚然成風！珠寶商們也看中了這一點，以高價來推銷他們的珠寶首飾。因為人類的共同弱點是，往往用珠寶的貴重去衡量一個人，至於她的品德與學識，反而變成次要地位。

時裝設計家們，都了解女性喜愛首飾的天性，於是，他們也設計了一些特殊風格而價位不高的首飾，以滿足女性們的愛美慾望。因為名牌的首飾，也可以和珠寶相媲美，何況，人造的珠寶也到了亂真的境界，很多名媛淑女都喜愛戴人造首飾，如好萊塢超級豔星伊麗莎白泰勒就是一個例子。

首飾，它可以說出它的主人的身分，選擇的時候，千萬要小心。

休閒服飾也要穿之有道

國人對穿休閒服並不太懂，特別是到國外開會，碰到穿衣指示(Dress Code)是標明Smart and Casual 或是 Casual Chic 的字樣的話，就會傻眼！不知如何是好！這也難怪，因為在國內，不論何種場合，只要穿西裝，打領帶，都不會有錯，而且會受「尊重」，反倒是休閒服卻淪為不登大雅的服裝了！

在國外，穿衣服是一門品味展示的學問。不同場合要穿不同的衣服，已經是一般日常生活的規範。逾越這個規範，就顯示出本身品味不夠的弱點了！回到上文所述，甚麼是 Smart and Casual？甚麼又是 Casual Chic 呢？其實，望文生義，兩者相去不遠，都會有「輕鬆別緻」和「輕鬆瀟灑」之意在內。

如果讀者是去國外開會的話，除了正式的開幕和閉幕的晚宴要穿正式服裝外，其餘社交型態的晚會和郊遊，都是穿輕鬆的服裝為主；不過，為了預防太過輕鬆而不雅的服裝出現，才會加以「別緻Smart」和「瀟灑Chic」兩字，以示提醒，不可因輕鬆而不顧禮節！

穿輕鬆衣服的場合如果是在室內的話，不妨穿西裝上衣和西褲不屬同一套的衣服，不需打領帶，襯衫要以多色格子體系為主，千萬不要再穿白襯衫。有時也可以不穿西裝上衣，只穿一件醒目的襯衫即可。如果是室外的夜間烤肉型酒會，衣服也可以穿得更輕鬆，但千萬不要穿圓領衫！郊遊活動，不妨穿另類休閒服或高球型態的Polo Shirt。戶外郊遊活動的女士們，休閒服要以輕鬆醒目為主，最好是紮以絲巾保護頭髮，以防風把頭髮吹亂。

到國外從事商務活動，不需要整天穿著一套黑西裝或深色西裝，因為這種穿法太過「沉重」，不宜打開話匣子談商機。一般商務場合，最好是穿顏色輕鬆的西服，上下顏色不同，配以柔和的領帶及和西裝顏色相襯的襯衫，因為衣服可以把嚴肅的問題淡化。

出國開會或談生意的讀者們，出門之前必須檢查一下所攜的衣服，千萬不要忘記帶休閒衣服，因為現在的國際會議或重大商務展覽，都是朝輕鬆路線發展。連APEC元首高峰會在一字排開讓國際媒體拍照留念時，都是穿著地主國元首贈送的輕鬆服裝！

不要小看休閒服，穿的得體與否，正好和本身的品味水準高低成正比。切莫等閒視之！

穿睡衣也是一門學問

從國內經濟起飛之後，國人在穿衣方面，也起了顯著的革命性變化，從外到裡，都移入了西方穿衣打扮的觀念。其中最讓人吃驚的是，國人在穿睡衣時也講究起來。從大百貨公司的專賣櫃到小而精緻的服裝櫥窗，都有睡衣的展示；而當模特兒身上所穿著誘人的睡衣時裝，輕搖款擺般的走過漫長的舞台步道時，其所發出的引誘力，想要不買也很難！

睡衣，顧名思義，是屬於臥房內的穿著，講究的家庭，是不會有人把睡衣穿出臥房之外，即使是再講究的睡衣，只能讓夫妻倆共同欣賞，不可讓外人看見。不久前，聽到朋友們講過一個真實的故事，其內容足以讓人省思。這位朋友說，有一次他隨團赴國外旅遊，其中有一位團員在途中買了一套絲料睡衣。他為了要「亮相」，居然穿到大廳內會客，結果被旅館服務人員很禮貌的請了回去！

以前在國內的睡衣多屬「土製品」，很少有「舶來品」。土製的睡衣當然不起眼。自從有了「舶來品」之後，國內的廠商也開始用高級材料製造睡衣出售。但從剪裁到選料，從款式到色澤，都沒有「舶來品」來得吸引人，久而久之，國內製的睡衣，再也找不到市場，穿外來的睡衣也變成時尚！

睡衣的款式很多，新婚的女郎，多數喜歡穿一件新款的薄紗睡衣，豐腴玲瓏的玉體，充滿了青春誘惑力。這是女為悅己者容的另一個好的詮釋！男士們也有直統一件頭的睡衣。相信，這是屬於E世代的專利。

歐洲的睡衣，要以法國和義大利最有吸引力，其花色之鮮艷，絕不下於外出的衣服，有時甚猶過之。法國時裝專家亞倫・費加雷特(Alain Figaret)所設計的睡衣最為亮麗，除了深受E世代的人喜愛外，即使上年紀的人，也喜歡用他的品牌。有一次，他接受記者訪問時，專談他睡衣設計的哲學。他認為，一對夫妻平均在一生中，有一半的時間是活在臥房內的，那麼，為甚麼不穿一些只供夫妻彼此欣賞的衣服而不讓外人窺看呢？他的哲學，也為他開拓了廣大的「睡衣市場」！

記住，穿睡衣是要給彼此心愛的人欣賞的，絕不可「公諸於外」！

穿鞋的藝術

常看好萊塢一代男舞王佛雷‧亞士提(Fred Astare)主演舞蹈片的讀者們，不知道有沒有注意到他穿的鞋子？永遠是色調柔和且和衣褲相襯。當然，他是大明星，且有其設計師為其設計一切；不過，以一般的人而言，不論男士或女士，在穿鞋的時候，也要注意鞋子所代表的品味！

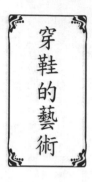

鞋子的變化是朝著時尚方向前進的。年輕一代的「雅皮」，因享有豐厚的俸祿，故在追逐時尚時，是多元性的，只要是走在時代前端的裝飾，一律都要採購，買鞋子自然是獵取目標之一。可是，買過頭的人，就會情不自禁踏入「時尚有餘，品味不足」的陷阱。

首先以男士們的鞋子而言，鞋頭的設計，不外是尖、圓、平和方四種。設計師就從這四個類型分頭設計，鞋的顏色和質地可以千變萬化，但鞋頭的款式，都離不了上述四個框框。當尖頭鞋流行時，它不一定適合每一個人，腳寬平的人，絕不適合穿尖頭鞋，即使鞋的顏色和質料都是上上之選，不適合的人，也不要「勇於一試」而花大價錢購買。腳寬而硬穿尖頭皮鞋，走起路來是受罪而不是享受，更不是顯示是一個品味十足的人！因為他的走姿，已和跛腳鴨無異！

女士們穿鞋也要注意本身的條件。即使是再時麾的鞋，如果和本身的身材，或者是腳和腿不配，也不能為時麾而去買、去穿！身材不夠修長的人，為了要增加「身高」而去穿後跟有四吋之高的鞋，絕對是一種「冒險」的嘗試。因為隨時會有摔倒之虞！譬如說，細高跟的女鞋（約四吋）是好萊塢一代女星瑪麗蓮‧夢露生前最愛穿的高跟鞋，她有條件，這種細窄跟的高跟鞋在六〇年代隨夢露女士而風光過一陣子。有很多女士們因為追逐時尚而去穿夢露型的鞋，東施效顰的結果，子宮後曲的後遺症接踵而至。巴西一代歌后兼舞后 Carman Mirandai 所穿的鞋，如果是穿在一個細長身材的女士身上，就會給人有下重上輕之感，極不相配！

穿鞋的主要目的是，方便行走，其次才能談流行款式。如果是只為流行而不顧舉步為艱之苦，那不是捨本逐末了嗎？花錢，並不能買品味，有時，反而會加速品味的沉淪，從穿鞋就可以看出一個人的品味高低了！

買服裝的藝術——並非名牌樣樣好

常常聽到朋友們抱怨。男的說妻子不領情，老遠從國外帶回的名牌衣服送給她，她卻以白眼相對；妻子則是抱怨丈夫，買衣服不問尺碼顏色，帶回來的衣服都不合意，這種「應付」購物，根本不稀罕。夫妻們常為買衣服不合而動肝火，實在是划不來！

買衣服，不論是給自己穿，或者是給太太，甚至是送給女朋友，都要注意一點：不是名牌就是好的。所謂「好」，是指合身、合意。不合身、不合意的衣服，即使是頂尖名牌，一點用也沒有！

買現成衣服和量身訂做不一樣。後者可以一改再改，前者則沒有多餘的時間，讓你去改來改去。特別是到國外公幹或旅遊所購買的衣服，就要特別注意，因為等到返國之後才發現不合意，一切都已太晚了！

歐美各大都市，每季都有新衣出籠，名牌展示在玻璃櫥窗內，是多麼的誘惑！購買慾油然而生。但是，在買名牌衣服時，要記住幾個通則：

第一，要考慮到買回來之後，有沒有適當的場合「亮相」，一些在國外設計的名牌衣服，其所用的顏色和剪裁的手法，往往不一定適合國內的場合，買回來之後不能「亮相」，或者是「亮相」一次之後就招來不必要的物議，不是很不划算嗎？

第二，要考慮買回來之後，合不合身材，有很多的名牌衣服在玻璃櫥窗展示時，猛然一看，會覺得很合自己的身材，或很合「受禮者」的身材，匆匆一試之後，就刷卡付帳。但是經驗告訴我們，很多名牌衣並不是由名牌師傅親手縫製的，試身一次會覺得合適，即使因當場發現稍有不合，但在售貨員饒舌蓮花促銷下，也就勉強接受，等到回家再三試穿之後，才發現毛病愈來愈多，想換也來不及了！

第三，要考慮買回來之後，會不會覺得貨不對怎麼辦？倉促購衣的最大毛病是，沒有仔細考慮物是否所值。常常聽到朋友抱怨，花大價錢買名牌，結果是物非所值，連呼上當不已！

追逐時尚，如能在本身購物能力範圍之內而去購買名牌衣服，原本是一件無可厚非的事！但是千萬不要陷入穿衣非要穿名牌不可的迷思裡！穿衣是品味的表徵，若是品味表達不出來，不是自暴其短嗎？

老款時裝的天堂：邁阿密

千禧年接近尾聲時，邁阿密聲名大噪，因為美國總統遲遲不能選出來，問題就是發生在邁阿密的電子計算投票的事件上。可是，從選擇復古時裝的角度來看，邁阿密的聲名，遠遠超過美國的紐約和洛杉磯。即使倫敦和巴黎的服務設計師，只要一提到「老款時裝」(Vintage Fashion)，都會不約而同的向邁阿密致敬！沉醉在五〇年代時裝的歐洲仕女們，每每跨越大西洋而來到邁阿密，採購有過一段輝煌歲月的「老款時裝」！

對一代性感女神瑪麗蓮・夢露留有深刻印象的人，一定會對她那套普西性感低胸長裙過目不忘，因為一代棒球王喬・狄馬祖(Joe Mimaggio)就是因為那套「性的表徵」的乳白色禮服而拜倒在她的石榴裙下。普西(Pucci)設計的衣服，如今仍可以在邁阿密的高級時裝店看到。

六〇年代邁阿密沙灘上的美人魚晚裝，不知迷惑了多少人，因為用一片又一片像魚鱗般的金色小片縫製而成的晚裝，穿在一位婀娜多姿的少婦身上，輕搖款擺而在沙灘上漫步，透過夜色的金色小片所發出的閃爍光芒，就像是一條活的美人魚沙灘上走著碎步，所過之處，都會引起讚嘆和騷動。六〇年代的美人魚晚裝，現在仍然可以在邁阿密找到。

邁阿密名老款時裝店老闆瑪麗・荷莉在十五年前開了一家名叫Miami Twice的專賣店。她表示，約在二十年前，年輕一代的少女，根本不會花上幾秒鐘的時間，去看一件由普西設計的衣服，可是他設計的衣服現在卻成為年輕一代的搶手貨。從紐約來的妙齡少女，就好像是塔士曼尼亞的老虎，凡是普西的衣服，見到就買。他的衣服，簡直供不應求。

對Prada設計的衣服和皮包有興趣的人，不妨去邁阿密流連一下，因為他把四〇年代流行的斜紋軟呢服(Tweeds)又重新設計而在九〇年代推出，並成為熱門的搶手貨。古奇(Gucci)、霍爾斯頓(Halston)及普西在七〇年代設計的衣服，又重新出現在上世紀之末的邁阿密的名時裝店內！

讀者如果不健忘的話，一代時裝設計師吉安尼・瓦薩西(Gianni Versace)所設計的各種款式衣服，並沒有因他遇刺身亡而遭人遺棄。相反的，打他名號的衣服，仍然是一枝獨秀！

到邁阿密買「老款時裝」的確是一種享受，尤其是在下午逛狄哥區(Deco District)，有若走進時光隧道。不但可以欣賞到每一個世代——從二〇年代到九〇年代——的衣服特色，還可以看到當時的名人所穿過的名款時裝，雖然不買，眼睛也可以過足了癮！對「老款時裝」情有獨鍾的人，不妨到邁阿密流連一下，保證你一定會忘返！

穿衣的祕訣：隱缺揚優

穿衣服要懂得「隱缺揚優」。換言之，本身身材的優點要從衣服中表露出來，而身材的缺點，卻要很巧妙的讓衣服把它遮蓋下去。說起來容易，但沒有幾個人可以做到。為甚麼？人性的弱點使然。

追求時尚而不考慮到本身的缺點，是最要不得的事。譬如說，身材發福的男女，絕對不能穿緊身的衣服，這是一個很普通的道理。但是，很多人偏要去試緊身的衣服。結果是，整個身體像是粿仔似的裹起來，不但沒有美感，而且還全身不自在。即使是一件再有名的衣服，也不會引起別人注目；相反的，正好成為別人「說三道四」的笑料！時尚沒有追到，反而落得不懂品味的譏評，實在是太不划算了！

身材過矮的人絕不可穿「自我矮化」的衣服。好萊塢女星珍・鮑威爾(Jean Powell)

是一個身材不高的女星，能唱、能演。看過《七對佳偶》和《皇家婚禮》(Royal Wedding)的影迷們，對她一定留有深刻印象。在電影裡，她穿的衣服都是和她的矮身材相配，讓人看的非常舒服。也許有人會說，她是好萊塢名女星，自然有人會為她量身訂製。不錯，她有她的特定時裝設定師。不過，話又說回來，現在自己訂製衣服和去買成衣，都是一件平常的事。難就難在自己不知道自己的缺點，才會出高價而買到不和自己身材相配的衣服！

當迷妳裙風靡全球時，所有的時裝設計師都針對「迷妳」而設計出不同的款式和花式，以向他們的顧客招攬生意。各大百貨公司的窗櫥，各色各樣的迷妳裙穿在栩栩如生的模特兒身上，不但讓男士著迷，更會讓「女為悅己者容」的女士們下定決心，買幾件穿給「悅己」的人看看。可是，問題來了，一些身材不適合穿迷妳裙的人如果也東施效顰的話，麻煩不就接踵而至嗎？

穿雙排扣西裝的人，身材一定要挺拔，身材矮而又發福的男士們，絕不適合穿雙排扣西裝，即使是名牌，而商店也答應量身修改，但也不要「勇於一試」。因為現成的名牌，只能修改袖子和褲管的長短，其他的部位，絕對不可能重新大整修的。於是，穿「龍袍」的身材也引為笑談。如果自己了解自己，也就不會花錢買罪受了！

穿衣服的最大作用是暖身和遮體，然後才能談到時尚。如果是捨本逐末的話，就是一個沒有品味的人了！追求時髦的人，切不可逾越這道規範！

皮包和服裝要相襯

皮包，它是女性衣著的襯托品，不可或缺，但也不能夠反客為主，讓皮包把衣服壓下去。目前社會上有不少的女士們，只注重皮包的名牌和它的「新鮮度」，反而忽略了衣服的穿著，結果反而變成不倫不類的搭配，買皮包「顯耀」的目的自然就達不到了！

皮包不但要和衣服相配，也要和拿它的人的身材相稱。身材高挑的人，不宜拿過小而色淺的皮包，因為陰陽不能相稱；身材過矮的人，自然不能拿過大的皮包，特別是有長掛帶的皮包，其理由和陰陽相稱有關！常常看到一些身材與皮包不相稱的人在街上走路，總給人留下一種不舒服的印象。因為陰陽不能協調，也就說不太自然！

拿皮包的場合也很重要。穿晚禮服的場合，皮包絕不能過大，而且皮包內也不能放太多東西，只要有一些必需的化粧品即可。從電視裡常看到英女皇主持的國宴，女皇永遠只拿一個袖珍的皮包，皮包不會因為小而失去身分，而環顧參與國宴之人，又有幾個人是拿大皮包的呢？國宴如此，正式的晚宴也是一樣。如果穿長禮服或長旗袍而拿一個大皮包，那就是頭號的「阿摩寧」了！皮包雖是名牌，也起不了「炫耀」的作用！買名牌皮包的目的自然也無法達到了！

穿休閒衣著時，也不可以用很正式的皮包。女士們的皮包有很多種款式，每個不同場合要用不同式樣的皮包，已算是一種禮儀規範。不可為了炫耀而不管規範。逾越規範自然無品味可言了！現在已進入「手機時代」，仕女們拿手機變成日常生活必需品，不可或缺。但是，手機在不同的時候存放在皮包內也是一種學問，常常看到不少人把一個很小的手機放在一個大皮包裡並和其他用品混雜在一起，當電話鈴聲響起時，就可以看到打開皮包用手亂摸皮包內手機的一付尷尬像，實在不雅觀。也有人因為皮包過小而東西塞得太多，如果再加上手機，就好像是一個包裹。每當電話來時，只要一打開皮包拿手機，塞在裡面的東西也「順勢」滑落出來。即使是再有名的皮包，也失去名牌的作用。甚至可以為名牌皮包叫屈！

皮包的顏色自然要和衣服搭配。有順其自然的搭配，同色系的衣服配同色系的皮包；也有反自然的搭配，衣服和皮包成強烈的對比。今年Prada公司推出了一系列正紅色皮包。紅黑搭配也可以，紅的和紅的搭配也可以，紅綠也是自然調和的搭配。陰陽相調就可以把品味和時尚串連在一起，而且還可以收到相得益彰的最大好處！

第三章　住之篇

字畫雖屬「補壁」之用，但是一幅好的字畫掛在家中，它已不是「補壁」，而是「提昇居室的品味」。

仁者樂山、智者樂水

中國人有一句古話：「仁者樂山，智者樂水。」如果說用這八個字來做為選擇住的地方的話，的確是一個有品味的提示。一個人每天能和山、水接近，心胸不但愈來愈開闊，而且靈性也會愈來愈高，久而久之，也就會變成一個超塵脫俗的高人。住的選擇，不可馬虎！

到過雪梨旅遊的人，一定不會錯過瀏覽雪梨海港的機會。乘船遊港，不但可以飽覽風光，而且還可以看到建築在港灣沿岸的住宅，紅牆綠瓦，煞是好看。當遊艇經過雙灣(Double Bay)時，導遊小姐都會對遊人解說，住在這個區的人，一定要有雙倍薪水才能負擔得起，否則免談。也就是雪梨人常說的「雙灣要雙薪！」(Double Bay-Double Pay)。雙灣的住宅區因地價高昂，久而久之，就變成有錢人才能住的專區；但是，在雪梨有很多面水的住宅區卻不需「雙薪」就可居住。它和其他地區的房價一樣，只要是有工作就能住在面水之區，但還是有不少人卻有另外的選擇。面水的住宅是有，會選的人卻不多，這可能和選擇住宅的品味有關吧！

在西雅圖，有不少住宅區是分布在山坡地上，雖然沒有依山面水的優美視野，但建造在山坡地上的房子都是只高及兩層的宅園，沿山而上，層次分明，且每家每戶都種有鮮花，遠遠望去，有若旋轉的天梯，直達天庭，十分壯觀。住在那裡的人，每天都要早起開車上班，但是為了要有山林景色，駕車勞頓之困，也因為山的靈性而補償過來。

筆者在雪梨時，曾交過一位喜愛山宅的朋友。他每天早上七點出門，搭乘從藍山(Blue Mountains)開往雪梨的火車上班，下班回到家時已接近八點。他說，他喜歡藍山的寧靜，每天下班坐在火車上看到遠處的藍山，環繞在彩霞裡，一天的勞累，也就瞬間消失，而清晨的藍山所發出的山霧之氣，有若啟蒙智慧的仙氣，吸進身體之內，神智清明，為一日之計在於晨啟發了靈感！藍山是囊昔筆者旅居雪梨常去的地方，的確有山靈之氣。但是要人每天花四小時坐在車裡來回於郊區與城市之間，非有愛山成痴之人，莫能忍受！

樂山與樂水選擇住宅的一個理想，很多大城市不可能有這樣優雅的環境讓上班族人居住。不過能在休閒之餘多與山水接近，也就自然而然養成樂山、樂水的習慣，為生活在緊張的日子裡，啟開了一扇寬恕之門，也就自然而然會達到「退一步海闊天空」的最高境界！

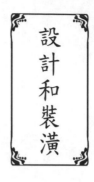

設計和裝潢

住家的設計和裝潢，是一門大學問。因為它涉及的不是錢數多寡的問題，而是要看設計人和房主之間有沒有相互欣賞的品味。如果設計人是一位高雅之士，而房主卻是一位財大氣粗型的暴發戶，再精緻的設計圖樣也不會為其所用；反之，主人若是一個有品味的人，而設計人卻庸俗不堪，他也不會拿出甚麼好圖樣，結果自然是不歡而散。

有一次，應一位朋友之邀，參觀他的新居。這位朋友應是一位見過世面的人，理應有很好的品味。不過，到了他的新居一看，所有陳設與裝潢，都是一等一的材料，但是對筆者而言，它不但有點清冷，而且設計有若博物館，不太像是一個溫暖的住宅。主人可能參觀過很多國際大小型名博物館，在他的新居設計圖樣裡，似乎滲入了博物館的格局，於是，一間獨門獨院的房子，就好像是一個小型博物館。你不能說主人沒有品味，只能說他不懂得把見過的東西融入在每天都要接觸的起居室裡，以致給人有格格不入的感覺。

住房的設計，最重要是要溫馨，即使是三十幾坪大的房子，如果能把溫馨的主題詮釋到設計上，一樣可以給人有品味的感覺。房子的格局是主人自己決定的。即使是去租房子，在「相」房的時候，也應該把格局列為考慮承租與否的重要因素。格局不好，自然住得不舒服。常聽朋友說，某某人自遷進新居之後，好像一切都不順，說穿了，就是房子的格局不好。住得不安穩，自然影響情緒。每天情緒都不好，做起事來自不會稱心如意，其他事情自然也就不順暢了！

房子除了設計之外，裝潢的布置也很重要。裝潢的色調一定要柔和，即使是再有錢，也不能用財大氣粗的眼光來選擇室內的裝潢，因為裝潢是陽，格局是陰，倘若陰陽相冲的話，住起來自然不會有舒適感。

裝潢中占最重要的一部分是壁紙和地板，壁紙的色澤要和房間的光線相稱。房間是向陽的話，壁紙用柔色吸光的質材十分恰當，如果不是向陽的話，那麼壁紙就不能用吸光的材料了。否則的話，會變得更暗。地板也是一樣，它要和房間融為一體，不能太突顯本身的「個性」。地板太搶眼，豈不是反客為主了嗎？

房子的設計和裝潢，是一件很重要的事，它不但反映出主人的品味，更重要的是，它要提供給主人舒適的環境居住，因為「安內」才能「攘外」。房子住得不舒服的人，事業絕對是不順暢的！

坐北朝南

很多人在選擇住家的房子時，都要坐北朝南的位置，主要理由是，風水好。在北半球的房子坐北朝南好，但換到南半球的話，就應該是坐南朝北了！坐北朝南的房子，一定都是風水好的嗎？它也不是必然的。很多老宅，都是坐北朝南的，但是家族的興衰，也都是從這幢房子起，也都是從這幢房子落。否則也不會有王謝落魄之宅，連棲身堂前下的燕子，也要遷巢而居了！

筆者有一位好朋友，十分相信風水，而本身也精研五行八卦之術，如果是餐敘場合中有他的話，只要是一涉及到風水話題，所有的人，都變成他的聽眾。不少人在遷居或租新辦公室時，都要請他去看風水，以求安心。這位老友住的是一幢坐北朝南獨門獨園的大宅。在他入巨宅頭幾年裡，的確非常風光。可是，他的運道也隨著宅園住久之後而開始走下坡，身體健康也大不如往昔。於是，他開始懷疑住的地方是否有問題？經過幾番深入查證之後，他才從鄰居的話風中得知，這幢豪宅曾是兇宅，因為先前的第一位房主出事而暴病屋中，隨後轉手也發生類似情況。這位老友深悔在沒有查清房子的過去歷史前就貿然購買，隨即低價出售而另擇新居。目前，他的元氣也已恢復！

筆者上一代的人，他們在選擇房子時，如若是舊的房子，一定會找代書查清老宅過去的「歷史」；如若是擇地蓋房子時，也會查明過去的地契。這種做法的主要目的不外有二：一是保證過去沒有甚麼不利新人居住的問題；另外則是過戶手續清楚，以免日後惹出麻煩。可是很多年輕一代的朋友，往往忽略了第一點。因為他們不相信風水。但是世間的事情，往往不能用常理來推斷！

坐北朝南的房子主要好處是，可以避免東西曬而涼爽。尤其是在亞熱帶的地方，早晚都受熱曬的話，實在吃不消。對怕熱的人來說，並不是一件舒服的事。不過，對體質屬陰性的來說，住朝東西向的房子，遠比住坐北朝南的房子來得舒服，因為充分的陽光，可以給他帶來活力。因此在選擇住家的時候，也要看本身的情況。屬陽性的人，宜住陰性的房子，取其陰陽適中，反之亦同。

住房子是一件大事，因此在選擇租或購的時候，一定要小心，撇開風水不說，它是否能夠提供給主人一個好的環境居住，才是最重要的事！因為選擇權在主人手中，主人的品味的高低，也就從選擇住宅中顯現出來。

花與草之居

春來花吐艷，秋來楓火紅的花園住宅，在歐、美、澳、紐等國比比皆是，但在台灣卻不多見，即使偶爾看到一、兩間宅院，也因為主人的品味關係，而無法和上述國家裡的宅院相比。

住花園洋房要有住花園洋房的條件，不是說有錢買一棟就可以住了。花園的整理和修護，是一門很大的學問。除了主人本身的素養之外，還要加上對花草樹木的認識以及彼此之間的相稱與否，因為不同系列的花草種在園子裡，若佈局不調，陰陽不稱，整個花園的格調就被破壞了！

近年來有不少人移民到澳、紐、美、加等國，在選擇住家的時候，第一志願自然是花園洋房。因為在台灣，獨門獨園的住戶，有若神話裡的庭院，極不易見。但是在外國住花園洋房是一件容易的事，不過，如何去維修和整理，卻是一件讓首次住花園洋房的人最感頭痛的事！

別的不說，院子裡的草，就是一件最麻煩的事。剪草，就變成一家之主的責任，而且偷懶不得，只要是隔上三個星期不去剪草，鄰居就會過來好意「提醒」。因為兩相比較，沒有修剪草皮院子的外觀，有若一張蓬頭垢髮的臉，它怎能和一位梳得光光張張的人的臉相比呢？

除了草之外，就是院子裡的花。栽花容易，護花卻難，舉凡從施肥到去蟲，都是專門的課目，而且要了解其中特性，馬虎不得。因為現在都是用化學肥料，它的好處是沒有汙染周圍的環境，但是，各種肥料用法不同，用得不對的話，說不定整盆花或整院花都因施肥不當而遭殃。別的不說，以肥料而言，就有專門長花的和專門長葉的，如果弄錯的話，效果自然大打折扣。

花與草之居都是一個家庭追求住所的最高境界，特別是有意願到國外居住的人，碰到花園洋房時，先不要為求美夢成真而就立下決定，最好是先考量一下整個家庭能不能夠長期修花剪草下去。因為這是一項嚴肅課題，如果不能或不願承擔這份居住花園洋房的最基本條件，最好是不要先圓這個美夢。

說到這裡，筆者碰到一個真實的故事，現在把它講出來做為讀者參考。在雪梨時，曾碰到一戶來自國內的移民，他們整家剛剛遷入一棟嶄新的花園洋房時，曾請筆者全家去參觀。聽男、女主人的口氣，對這棟新房滿意極了，大概是一年半以後，再去他家作客時，發現園貌全非！青蔥的草地鋪上了水泥，游泳池也填起來，查其原因，花園的維修和游泳池的清潔，給他帶來不少困擾。最後徵得鄰居及郡府同意後，花了一大筆錢整修，才除去了困擾！

要是沒有品味和愛花惜草之心的人，千萬不要住花與草之居！

餐廳的佈置

餐廳的佈置十分重要。主人居住的品味，往往可以從餐廳佈置的格局中表現出來。別的不說，自己一家人的一日三餐都是在這裡度過，若是餐廳不符水準，東西亂放，請問，在雜亂無章的情況下，即使是大魚大肉，也不會引起食慾。

餐廳的雅不雅，不是看錢多少而定。很多主人花了一大筆錢去把餐廳佈置起來，以為可以表露一下身分，可惜的是，庸俗的習性卻自然浮現出來。在股票大漲的時候，不少人因股票而致富，於是，購新居也變成時尚。買房子容易，如何佈置，卻是一件難事，特別是餐廳的佈置，就考倒不少一家之主。

一般而言，餐廳和客廳都是相連在一起，如何把這兩間巧妙相隔，是一門很大的學問。在公寓裡，因為設計的關係，二間房間中，多數是客廳有窗戶而餐廳則沒有，因為後者和廚房相連。沒有窗戶的餐廳應該注意兩件事：首先，四面牆如何修飾？其次，照明如何解決？

「補壁」的學問很大，掛字畫是容易的辦法，如果把沒有水準的字畫掛出來，或者是用庸俗字畫應景，都不是很好的辦法。好的字畫難求且屬因緣之事，不宜做為「補壁」的必要條件。很多有品味的家庭主婦喜歡用花來表達出待客之道。因為在一間溫馨的餐廳裡周圍布滿了花，的確是神來之筆的設計。如果不用花的話，壁紙的選用，也可以彌補上述條件的不足。清新悅目的壁紙，配上色調相稱的燈光，也一樣可以把餐廳的氣氛襯托出來。

餐廳的主角自然是餐桌、椅了。餐桌的形狀要看餐廳的大小和格局來設計。大的四方型餐廳自然要以可容納十二個人的圓桌為主要考量。長方型的餐廳不宜用圓型桌，而用方型桌和長方型桌較佳。餐廳的另外一個重要配角自然是餐具擺設櫃和酒櫃。自西風東漸，國人也有收藏水晶器皿和精緻瓷器的興趣。這些好東西自然應該放在透明的擺設櫃裡，讓櫃內的燈光把美麗的水晶杯和瓷器杯盤照出來，突顯他們的高貴身價。酒櫃是餐廳必不可少的裝設。目前葡萄酒風行，把葡萄酒放在酒架上或酒櫃內，是一門學問。因為葡萄酒最怕熱而不怕潮濕，在氣候乾旱的地方如澳洲，葡萄酒只需平擺在開放式的酒架上，而在悶熱的地方如新加坡或台北，葡萄酒宜存放在專門設計的冷氣酒櫃內，以維護品質。因此，酒櫃和酒架的選購，就要和餐廳相一致了！

餐廳的佈置就和人穿衣服一樣，讓別人一看，就知道主人的品味高低了！

臥房的佈置：新潮與傳統

臥房，顧名思義是主人自己用的。很多家庭主婦或一家之長以為是自己用的就不需要整理和佈置，這種想法大錯特錯。想想看，一天之中，至少有三分之一時間是在臥房中度過，能不把它佈置得特別一點嗎？

在西洋社會裡，家庭主婦們特別注重臥房的佈置。即使是一個中低收入的家庭，也會把臥室佈置得十分雅緻，因為很多的臥房佈置物品是不需要大價錢購買，而是需要家庭主婦的心思。有品味的人，不一定是高收入的人；有高收入的人，不一定很有品味！

臥室的佈置自然是以床為主，而床上的一切展示，則是有品味與否的最好說明。譬如說，床單和床罩的色調能否和臥房其他擺設相配合，就要看家庭主婦或她的另一半看法是否吻合。有一些一家之主是放手讓他的另一半全權處理臥室的佈置，有些則是互相溝通，然後再做決定。那一種方式都無所謂，只要是合乎安樂舒適的原則即可。一旦臥房住得不舒適，其所引發的不良後遺症實在是非同小可！別的不說，睡得不舒服，一定影響次日的情緒，長此以往，能夠受得了嗎？

自台灣經濟起飛，國人收入不斷增加以來，商界人士也就紛紛引進歐美的臥室專用品來推銷給國人。各大公司行號也紛紛推出新產品來吸引顧客。於是，各種不同彩色和新穎設計的臥房專用品在一波又一波的廣告促銷下，也變成家庭主婦的寵愛。手握許多餘款的人，為了要展示「身價」，逢物必買，讓自己的臥室變成「展覽室」。本末倒置的結果，非但不能展示「身價」，反而惹來沒有品味的譏評，實在是划不來！

歐美國家的臥房設計公司，為了開拓新新人類的市場，特別設計了不少新潮的產品。譬如說，把非洲原野氣息的景致搬到臥室來，被套的設計有若斑馬，駝鳥的毛也成為裝飾品。林林種種野生圖案放在臥室內，也搏得E世代的喜愛。也有臥房產品公司不走新潮路線，還是以老顧客和保守的買主為尊。他們出的產品雖屬傳統，但在圖案和設計以及材料的選擇上，也和二十年前大異其趣。在一個世紀交替的世界裡，新潮和傳統總是針鋒相對，臥室的裝潢設計自不例外。如何取得平衡和保留品味，或不因嘩眾取寵而自失身分，這才是身分定位——陰陽調和——的不二法門。

書畫的掛法

書畫在一個家庭的陳設中，占了很重要的地位。它們的掛法是否得體，不但涉及雅觀與否，而且也是主人是否有品味的「發言人」。

廣東人有一句俗語說，這幅畫掛得「不規一」。用國語來講，就是位置掛得不對，看起來十分不順。譬如說，在客廳的正面牆上，如果掛上一幅超現實的人體寫生，那就有點不倫不類之感。即使這幅畫是出自名家手筆或者是花大價錢買回來，也不應該掛客廳的中堂。在西洋的油畫中，有很多是戰爭的寫實描繪，這類畫也非客廳懸掛之物。特別是相信風水之人，萬萬不可把兵兇戰危的作品，懸掛在客廳內，因它會為主人和客人帶來不安感！

甚麼樣的畫掛在客廳最好呢？應以雅而不俗的花卉、萬物安詳寧靜的山水或者氣魄過人的大自然寫生（油畫）為上選。如果客廳的主牆壁寬闊，除了掛一幅充滿祥瑞之氣的大幅畫之外，兩旁可以懸一付對聯，字畫一體，以顯示主人高雅出眾！

求畫、求字都屬因緣，絲毫強求不得。寫字和繪畫有素養的人，都是不輕易出手贈其精心之作。善書、善畫的人，都是很有個性的。求墨寶的人，如果不合彼等的心意，即使是送上萬金，也未必能求到他們的真跡。反倒是有緣的人，不需花費精神，卻能得到名家真跡。

除了客廳之外，飯廳、書房、臥房、屋內的隔間走廊，甚至是玄關，全可掛上書畫。只要是切題、切景，都是好的題材。國人在家裡多喜愛掛一些象徵花開富貴的牡丹花。這種國色天香的大畫，有誰不愛？不過，畫牡丹花易，能畫出其神髓，卻是難之又難。常常看到一些家庭，為了附庸風雅，也掛了不少字畫，但是，那些作品都是出自俗人之手，掛出來之後，也讓主人變成庸俗不堪的人物了。

有一些別具匠心的主人，因為知道求畫、求字不易，乾脆掛一些名家的複製品，特別是西洋油畫，因為佈置得體，讓人看起來也會引起共鳴。這種佈置方式，也自成一家，可收到怡人之效。

掛書畫是在精不在多。如果有很多好墨寶的話，也不要同時掛出來，可以比照故宮展示方式，不妨隔一段時間就更換一些不同的作品，讓客廳或其他房間常有不同的展示出現。主人對欣賞字和畫的品味，也隨著字畫的更換而展現出來！

別墅的心情

別墅，是一個人一生夢寐以求的第二個家。在國外，常常聽到人問：「到何處休假？」回答的人常用愉快的心情回答說：「我們一家到別墅過一段沒有電視和報紙的日子！」在都市住久了，繁華的日子也變成是一種無奈的罪惡，還不如反璞歸真，過田園的日子來得逍遙！

別墅有很多類型，田園小築、海邊精舍、山間林屋等，它們的特色都是讓人有再充電的意味在內。記得在華府美國之音工讀的時候，有一位同事暑期渡假，回來之後，神采奕奕，他和同事們說渡假心得，整天和藍天碧水為伍，嚴格遵守「四不政策」：不看電視、不讀報紙、不聽廣播、不接電話。二個星期的「原始生活」，讓他有一種「再生」的感覺。人需要渡假以調適身心的觀念，由那時開始萌生。

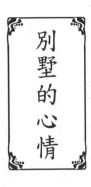

當然，不是每一個人都能買得起一棟別墅。沒有別墅，也有沒有別墅的渡假方式。目前國內也開始流行過營帳渡假的日子，而這種方式，在國外老早就流行了。野生露營的生活，也可以說是一種與大自然為伍的享受。它可以從靜中得悟，了解環保不是口號，更不是抗爭，而是一種順乎自然，遵守自然法則的人性與理性的規範。

在墨爾本工作時，有一位服務於國泰航空公司的朋友，他有一次好意借他位在墨城郊外的別墅給筆者一家去渡長週末。他的別墅位在叢林之內，非常的隱密，別墅內沒有任何電器設備，完全原始。三天的渡假日子，可以說是非常有意義，很多平常不輕易見到的小動物，也在叢林內自然遊走，牠們常用好奇的眼光來看著外來的陌生人。渡假回來後不到一個月，墨爾本發生十年來罕見的叢林大火，失火的地點就是發生在友人的別墅內的森林。事後想想，也心有餘悸，要是大火提早一個月發生，後果如何，實在不敢想像。因此，當要找別墅的時候，地點十分重要。遠離城市地區的別墅，一旦發生自然事故，就得靠自己去解決了！

新加坡雖屬彈丸之地，但是星國政府也了解星人要擁有自己別墅的心願，於是開發了離島烏敏島，並在那裡建造了渡假村，一棟棟的小別墅十分可愛，而且有渡假公司專門為別墅的主人照顧一切。如果主人不是常去的話，他也可以把自己的別墅交給渡假公司經營，只需告知渡假公司一年之內自己保留若干時段，其餘時間由渡假公司經營。這種一舉兩得的方式，十分實惠。目前，新加坡的另外一個離島——聖淘沙島，也開始填海整地，準備建立另外一個渡假村。不久之後，又有另外一批新加坡人可以擁有自己的別墅。有別墅的人，可以享受別墅的快活日子，沒有別墅的人，也可以透過渡假的安排，去過一過住別墅的癮！這不是一種調劑生活的最好方式嗎？

水泥森林中的小窩

水泥森林(Cement Jungle)是現代生活的現實寫照。沒有人能夠離開這片灰色的叢林而獨居。即使離開森林，本身的工作環境還是在那片森林之內。西洋人有一句現實的諺語：「當你不能擊倒他時，你只好和他在一起！」同樣的，你不能脫離水泥森林，你只好做適應環境的心理準備，和它結為一體，打成一片！

在水泥森林中生活，除了自己的家之外，就是自己的工作地點。一天二十四小時就是和這兩片小天地為伍。如何活的愉快，就要看自己的計畫了。水泥森林中的住家，都是建在高樓之內，從外表來看，幾乎都是一樣的顏色。老的大樓外觀，幾與水泥顏色無異；經濟起飛後蓋的大廈，則著重外觀，顏色也起了變化，再不是了無生氣的死灰色了！外觀設計的改變，只能說是有了好的硬體，但是自己住的窩，卻要靠自己的巧思，才能創造出舒適的「安樂窩」，能讓全家人在白天緊張過後的夜晚，分享天倫之樂的氣氛。如何能達到這種意境？就要依賴個人對住的品味來決定！它不是有錢就可買到的！

常到朋友家裡看水泥森林裡的小窩，有品味的人的佈置，從玄關一開始，就能領略到「雖身處灰色叢林之地，仍能保留活潑的生存空間」。清新與活力，應該是佈置的兩個基本法門，但是難題是出在能不能悟。如果不能悟的話，就只能過著灰色的日子了！

現在來談談辦公室，它的環境與佈置，應該和自己的住家一樣重要。辦公室最重要的是光線。因為光是生命的原動力，沒有光，則一切回歸黑暗，了無生機可言。如果辦公室的光線不好，一定會影響上班情緒。對決策而言，可能因為光線不足或太弱而導致誤下判決；對執行政策的人來說，因幽暗不明的光線，常讓他在執行上發生嚴重偏差，對負責草擬行政大方針的人而言，因為看不到希望的光，以致誤入偏峰，導致全盤潰散。想想看，辦公室的光線是多麼的重要。

其次，辦公室的窗外景觀也很重要。特別是決策者的房間，一定要有一大片玻璃，讓他可以遠眺外景。當他面臨決策而猶豫不決的時候，沒有人可以幫他下決定，只有他自己才可以負責時，遠眺窗外的景致、靜中生慧，給他帶來最好的選擇。常常在不同場合中碰到不少要人，獨自一人面對窗外美景而沉思。其目的就是想借窗外的景致，來幫他下決定。

辦公室是決策的樞紐，其佈置與選擇的適當與否，往往會給主事人帶來兩極的結果，不能等閒視之！

樓中樓的意境

如果你想擁有一座有樓中樓的房子，你對樓中樓的打算是甚麼？也許你會說，想在樓中樓裏設置臥房，若是明月高照之夜，舉頭望月不是頂美的嗎？若逢繁星熠熠之時，臥看天牛織女星，不是正合李白的意境嗎？

也許你會說，要在樓中樓裏設一間書房，唸書唸到興起，可以邀月共談。若然唸得過頭，暈暈入睡來臨之前，不妨打開窗門，讓清風來翻書，讓清風來搧去慵懶的意念，清風也會帶來寫作的靈感！

也許你會說，要在樓中樓內設置一間茶居，茶興若來，不妨邀請三數知心老友，共話家常與國是。也可以獨自品茶沉思，找回一些失去的靈感，或尋回一些美好的回憶，甚至可靜中生慧，找出一些無解的答案！

也許你會說，會在樓中樓內設置一間清雅品酒居室。而酒的居室也要設立規定：逢酒必醉的人不能來；滴酒不沾的人自然是望門卻步；酒後出言不遜的人，不在歡迎之列。只有能品、能談的人，才是品酒之居的常客。品酒之居也要另立一條規則，歡迎品酒之人，自帶好酒，以公諸同好。好酒不能藏私，應是品酒之人共同信守不渝的規範！

也許你會說，要在樓中樓設二間夫妻各自專用的房間，讓彼此之間都有各不相擾的空間。因為夫妻彼此之間的空間愈多，彼此之間的恩愛才會愈深。樓中樓也是增加夫妻之間感情的「情深居室」。

自然，樓中樓的用處還有很多，歡喜打橋牌的人，會在樓中樓內設立橋牌室。寬闊的房間可設二桌橋牌，分組對抗，以橋會友。對書畫有興趣的人，樓中樓自然是他們創造最佳藝術作品的最佳地點。設立一間衛生麻將間也是一件無傷大雅的事！

有不少人為設計樓中樓而煩惱，因為不知道如何設計才能達到最佳效益。其實，任何居住的設計，都要順勢而沒有扞格的佈局才行。順乎自然，就會過得愉快，佈局不佳，常會為自己找麻煩。整天為佈局煩惱不是很傷神嗎？順乎自然才是住的最高意境。樓中樓的規劃，也不妨往這方面去構思！

豪宅和農舍

看過《亂世佳人》這部電影的讀者，都會對女主角郝思嘉所住的豪宅(Mansion)留有深刻的印象。這種豪宅，也許只有地大物博的新世界的國家如美國或南美洲的阿根廷才會有。豪宅的屋主，一定要有胸懷大志的氣魄，才能建造出這類一望無垠的宅院；吝於財氣的人，是沒有辦法建造這種大豪宅的。

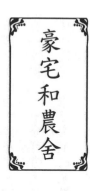

在《錦鏽大地》這部電影中，女星卡露・貝克也是住的一棟豪宅。看過這部片子的讀者，還會記得葛雷葛萊畢克和查爾頓希斯頓兩大天王巨星凌晨在豪宅外的曠野之地大打出手的一幕嗎？太陽剛從地平線上升起，陽光從兩個人決鬥的地點，慢慢移到豪宅的正面，那種氣派，也只能用陽光襯托出來！

也許讀者會問，上述兩座豪宅，是不是為拍電影而特別建造出來的？在現實的生活裡，真有這種豪宅嗎？郝思嘉住的豪宅，是美國南方的傳統建築，宅院之內，有清溪、有楊柳，還有廣闊的棉田及數不盡的黑人奴僕。主人可以在自己的宅院內揚鞭馳奔！卡露・貝克住的豪宅，因為沒有放牧的河水，才會引起兩大家族「爭水之戰」。但數不盡的牛群和放牧的牛仔，也給豪宅平添幾許氣勢。也是美國西部特有的產品。不同類型的豪宅，代表不同時代的風俗與民情，讓人看到之後，會有懷古之感。

國內自然沒有美式的豪宅，但在鄉間，也有不少古式四合院的農宅。有不少農宅經過裝修，變成了休閒旅館，讓年輕一代住的人有一種新鮮感。不過，對老一輩的人來說，如果再住到這種四合院的農宅內，一定會有滄海桑田之嘆！

台灣的農村，也有不少農舍要「改頭換面」，但在「變臉」的過程中，一定要找有品味的設計師來為它「整容」。前些日子回國，特別前往花東縱谷一遊，看到不少在農田裡聳立的西式洋房，它們的色澤濃且俗，把自然景觀完全破壞，本身且變成一個離群的「怪物」，十分可惜。如若農舍改建得宜，再配以四周的田園景觀，也可以變成有品味的莊院，雖無豪宅的氣勢，但也有別樹一幟的美感。特別是秋後的夕陽，配上裊裊炊煙，不是一幅讓人揮之不去的景色嗎？

豪宅與農舍代表兩個極端不同社會裡的產物。但它們都應有一個特色，居住的主人一定要有好的品味，才能相襯！

古宅歷史的串連　不可輕言摧毀

閱報的人常會看到歐洲老宅經常鬧鬼的新聞，各種不同的吸血鬼常會在百年以上的老宅出沒。匈牙利是吸血僵屍的發源地，那裡的老宅，總會給人帶來陰森之感。至於倫敦，老宅的鬼故事特別多，即使沒有親身看到，一旦住進去，不知不覺間，也會有杯弓蛇影之感。

歐陸是一個古老世界，想想看，以二〇〇〇年的歷史來看百年老宅，根本不算是一回事。但若以有限的人生去看百年的老宅，那又另當別論了！

在歐洲的大都市裡，都會有新區與舊區之分。談到舊區裡的房子，每間幾乎都有它自己的家譜。家族的興衰，自然和老宅發生不可分割的關係。如果依照吉普賽看相的論點來看，家族的興衰，是隨一家之長的氣數好壞而論定。因此，當老宅出售或出租之時，租屋的人，都會問問老宅的宅譜，看看有沒有發生過「災變」！大都市的新區，自然沒有鬼怪的故事，因為現代化的建築，說明了它的歷史，最多不會超過五十年。

老宅既然有那麼多不可思議的事情發生，為甚麼還會有趨之若鶩的房客去找尋有百年歷史的古屋呢？原因不外是，喜愛室內的裝潢或地點，或者特別鍾情於某一時代的建屋架構。歐洲各國，幾乎沒有一個是免於兵燹之亂的。火燼之餘留下來的房子，自然有它的歷史價值，歐陸國家有不少老宅經過翻修之後，煥然一新。有現代的外表，古意盎然的室內裝潢。舊屋翻新的科技，保留不少價值連城的房子。以新加坡這個歷史不久的小島國而言，也要花上數百億來保留殖民地時代留下來的老建築，而翻修過的老屋，也以新面貌出現，變成吸引遊客的觀光點！

台灣也有不少上百年歷史的老宅。可惜的是，在一味追求經濟發展重於一切的目標下，一戶又一戶的老宅，都在無情的推土機下，一棟又一棟的倒下去。代之而起的，卻是面目可憎的水泥森林大樓！

在讀書時代的林家花園，現在不但堂前燕找不到了，連原來的影子也隨家道中衰而走入歷史的隧道。在台北，如果不是古物保存的聲音高漲，相信連幾座象徵性的古城門，也變成高架路下的犧牲品。不過，連碩果僅存的北門，也被高架路上日以繼夜通過的車輛所排出來的廢氣，煙燻得不成模樣。囊昔城頭禦敵的氣勢，也就蕩然無存了！

古宅，是過去某個時代的表徵。做為後人的人，不但沒有權利去把它摧毀，而且還要有保存和呵護它的義務！

第四章　行之篇

在馬來西亞砂勝越州，舟楫仍是主要川行於河流的主要交流工具，上圖是古晉河，背景是砂州總督府。

禮讓：初學開車者的首課

開車禮讓，並不是表示自己「有失威風」，而是表示出一種開車的品味。懂得禮讓的人，才能從退一步中得到往後邁出五、六步的大空間；反之，硬去相拼的人，結果並不會得其所願。

在國外，一個青少年去學車的時候，總要先考筆試。禮讓是在筆試中常會出現的考題之一。到了上路學開車的時候，教練對初學者總是諄諄誘導，說明禮讓的重要性，以及舉出許多因沒有禮讓而造成的嚴重後果。考試官對考駕照的人的測驗，技術猶在其次，開車的品格才是列為能否過關的首要依據。技術很容易學精，開車的品格在一開始就沒有培養好的話，往後是「不堪聞問」了！

不久前，有一位青少年（二十一歲）在新加坡考駕照被考試官判出局，事後筆者問他，出局的原因是甚麼？他說，當他綠燈左轉時，行人過馬路的綠燈也是亮著，在轉彎的另一方，剛好有一個行人要穿越馬路，以他的判斷，他完成轉彎之後，行人還不會走到中界線，於是，他也就「大膽」轉彎了。事後，考試官告訴他，半年之後再重新考試。理由是，學車的時候就不懂得對行人禮讓，往後開車就更不會禮讓了！很多好習慣是從小培養，但到了長大以後，好習慣也很容易忘記。而壞習慣一旦從小養成，它可能跟著一輩子走。一個初學開車的人，絕對不要在開始的時候，就沒有學到禮讓的美德。

從開車的禮讓，又讓筆者想到穿越馬路這件事上。常常看到不按規矩穿越馬路的人，不但給自己製造危險，也讓別人心驚。約半年前，新加坡法官宣判了一件案子，值得穿越馬路的人記取教訓。一位英國籍的女律師，當她開車左轉時，碰撞了一位帶有小孩穿越馬路的婦人，經過一年多的反覆查證，最後法官宣判，駕車人無罪。主要原因是穿越馬路的婦人沒有注意警號，在不應該穿越馬路的地方穿越馬路，讓開車的人在毫無預警的情況下，即使是採取了緊急煞車，也無法避免車禍發生。英國女律師在案情宣判後，並沒有因為無罪而感到高興；反而是因為無可挽回的悲劇，讓她心靈飽受創傷，抱憾終身！

朋友，當你開車的時候，一定要記住禮讓的美德。禮讓只不過是瞬間之事，如果連瞬間的事都不能忍耐一下，後果是很危險的！

買車要合乎身分和環境

買車，是個人的自由。只要是經濟能力負擔得起，愛買甚麼樣的車，就可以買甚麼樣的車，別人沒有置喙的餘地。可是，選購車輛也應該著重環境的考量，譬如說，一些超流線型跑車，雖然High到極點，但在台灣適合開嗎？

買車，也要和自己的身分相稱。屬身體發福型的人，絕不可駕駛流線型的跑車。事業未成，雖有顯赫家勢，也不要自暴其短，開一部父執輩的豪華轎車。在台灣的各大城市以及鄉村小鎮，停車的地方已屬不多，窄街小巷到處都是，試問，開一部巨型轎車，又能顯示甚麼呢？不但給自己帶來停車煩惱，也會給別人帶來不便。買一部惹人閒的車子，實在沒有甚麼道理。

在新加坡，常常看到一些「少東」，因為家族有錢，在不經考慮之下，就去買一部費用高昂的名牌跑車「過癮」。因為新加坡屬彈丸之地的小國，沒有空曠的地方讓它揚威，也沒有漫長的高速公路去讓它飛馳。於是，跑車出車禍的新聞時有所聞。也有一些「少東」到馬來西亞的南北高速公路上超速開車尋求刺激而遭受警察扣押。類似事件，足以說明買車雖是一件很普通的事，但它足以反映出一個人的品味，以及他是不是一個懂自我評估的人！

目前在台灣也很流行冒險旅遊，全家在假日出遊而露宿野外的人口愈來愈普遍。於是，行的問題也就接著發生。在國外，全家出外旅遊的車輛和一般上班代步用的車輛，完全不同。可是在台灣，一家擁有二部不同功能車的人並不多見，有一部旅遊專屬車的家庭，少之又少。用一般在平地駕駛的車子開上山路或雪路，其出意外的機遇率，自然要比專為開山路或雪路而設計的吉普車型車輛，高得太多。探險旅遊已是一種時尚，要去旅遊之前，最好是衡量一下自己的車輛，如果探險路徑要行駛險峻山路或要路經河床，不妨再多考慮一下。因為安全是駕車者的首要課題。

買車，也算是一門學問。除了車型之外，還要考慮到車身的顏色。顏色不但反映出一個人的個性，也可以說明車主的身分，它也是車主本身品味有否的「代言人」！

醉酒駕車和開車打電話

剛到新加坡的時候，星國政府正在大力推行開車不喝酒的運動。「開車不喝酒，喝酒不開車」變成運動的主軸。有一些餐館，還特別為酒喝過量的賓客保留車輛，雇車把他送回去；但是，對喝得酩酊大醉的客人，或者是堅持自已沒有醉的客人，上述的特別服務，根本沒有用。前者是不知道自己住在那裡，後者則是仗酒後「神勇」，把別人的好意當惡意。久而久之，這種服務也就消失了！可是，當一個運動的主軸變成口號或口頭禪之後，如果沒有法律作為運動的後盾，它自然就會在人們的記憶中消失。所幸，新加坡對酒後駕車的處罰是嚴上加嚴，絕不寬恕。在法官的詞彙裡，更沒有「網開一面」這個專有名詞！

記得美國加州有一個判例，如果酒館超額賣酒給一個顧客，而事後這名顧客因酒醉駕車而闖禍；那麼，酒館也要負起相同的責任。隨後，這條判例也被其他各州廣泛引用，甚至延伸到其他各種公私宴會場會。雖然世界各國都在想盡各種方法預防或遏阻酒醉駕車的瘋狂行逕；但是，它就好像瘟疫一樣，永無止境的在蔓延。最可怕的是，沒有辦法預測何時、何日，可以宣布它絕跡！

現在，世界各地又面臨另外一種瘟疫，它是高科技下的產物——手機，也就是俗稱的大哥大。開車的人使用手機其所造成的車禍，尤倍於酒醉駕車。酒醉駕車多數是在白天下班之後或者是在週末夜晚；但是，一面用手機，一面開車的人，卻沒有時間的限制。光天化日之下，當他使用手機開車時，很可能因電話引起的情緒不穩定，或者是太過專注通話而忽略路況等等，隨時都會造成意外而殃及無辜。試問，受波及的人，又向誰討回公道。雖然說，按法律判決會有賠償，但對失去生命或終身殘廢的人而言，金錢的賠償對他們或他們的家人來說，已是了無意義了！

對上述兩種不負責任開車的人而言，可以說是患了極為嚴重的道德失憶症。尤有甚者，他們也是公然向法律挑戰的人。他們以為，沒有警察在身邊，就可以隨意所為。明知是犯法的事仍然「勇於嘗試」。但是，他們卻忘了「天網恢恢，疏而不漏」這條金科玉律。等到觸法而後悔時，已是百年身了！

有品味的人，是絕對不會做出這種損人不利己的傻事的！

開車旅行

在歐、美國家，開車旅行是生活的一環。從開車遊覽到出席會議，往往比搭乘飛機還要方便。但是在亞洲國家，開車旅行卻不是生活的一環，而是一種時尚。就以國內而言，開車旅行之風還是在上個世紀九〇年代初葉才掀起。因為沒有路況條件的配合，在國內開車旅行幾乎是一件自找麻煩的事。拜交通建設之賜，再加上週休二日全面實施，週末全家開車旅行已蔚然成風，實在是一種可喜的現象。

記得在美求學時代，曾與同學作跨越新大陸自行開車之旅。那時還是六〇年代越戰方興未艾之時，美國東部各大城反戰示威此起彼落，看到報紙和電視的報導，好像美國全國都陷入一片反戰混亂中；可是，跨越新大陸所經過的美國心臟地帶——中西部——的小城和農村，卻是那麼的寧靜與安詳，反戰的浪潮根本衝擊不到他們。一路行來，讓筆者頓悟到「沉默的大多數」的真諦。這是第一次體認到開車旅遊的好處——從自我觀察中，體驗到社會的另外一面。

開車旅遊的另外一個好處是，令人大開眼界。一些平常少見，或者只能在電影或電視畫面上看到的風景，能開車路過，親自觀賞以及留存「在此一遊」的珍貴鏡頭，都是人生難逢的機緣。開車旅行能夠吸引人的地方，也在於此。

開車旅行除了自己做駕駛的方式外，搭乘遊覽客車也是最好的辦法。特別是在歐洲，因為語言的隔閡以及路況繁雜難解，搭乘遊覽車旅行是歐洲國家常見的現象。由於遊覽車旅遊在歐洲國家行之有年，而且導遊和旅遊公司都達到國際一流水準，讓旅客都有滿意的享受。但相對而言，旅客本身，也要有好的旅遊品味，不可做出一些有損自我聲譽的事。其中最重要的兩件事是：準時和不可在車內高聲談話。這兩件事都是日常生活最起碼的遵行守則，逾越的話，品味自然降低。即使再趕時尚，也是得不償失。

自己開車旅遊最要緊的事是，安全為首要考量。尤其是全家大小開車旅遊，安全更是重要。因為偶一疏忽，往往會造成終身無法彌補的憾事。目前國內流行全家開車到野外露營，野生的生活對住在城市久了的人，是一種刺激，但也是一種挑戰。因為城市住久了，對自然風光的嚮往，自是人之常情；相同的道理，久未和大自然接觸，一旦來到野外露營，也會有一種生疏或對蒼茫的原野自然產生一種恐懼感。如何克服這種障礙，應該是開車旅行者的首要習題。如果不能滿分，千萬不要冒險嘗試，等到獲得滿分之後再去也不遲！

開車旅行是一種時尚，但要有好的品味，才能嘗受到其中精華部分！

郵輪：歷久不衰的豪華旅行

有人說，豪華郵輪旅行是給有錢人享受的。其實不然，郵輪之旅，應該是給有品味的人而設的。有錢而沒有品味的人，應該不是豪華郵輪上的搭客。那麼，有品味而沒有錢的人，是不是就沒有機會去享受豪華郵輪之旅呢？答案自然不是。因為有很多有品味的人都有量力而為的好習慣，而且早有旅遊計畫，等到積蓄到一定的數目，就可以很逍遙的來一趟豪華郵輪之旅了！

因為豪華郵輪之旅是一種多采多姿的旅遊。好萊塢也把各種不同版本的豪華郵輪之旅的故事製作成電影，因版本不同，內容各異。人生悲歡離合的各種際遇，透過演員們洗練的演技，活生生演出來。豪華郵輪之旅也變成了好萊塢的主題，相互輝映。豪華郵輪之旅歷久不衰，好萊塢的努力，應該好好記上一筆。

在豪華郵輪之旅的眾多故事中，應以鐵達尼號沉沒的故事最有號召力。不知道讀者有沒有看過由影后巴巴拉・史丹維克(Babara Stanwyke)和英國紳士巨星克里夫頓・韋伯(Clifton Webb)主演的黑白片《鐵達尼號沉沒記》。片中最後的畫面，韋伯牽著他的兒子唱著「勇往天堂」的聖歌來和史丹維克訣別，那種生離死別的悲情，不知讓多少影迷濕了他們的手帕！好萊塢電視連續劇《愛之船》，也是讓老、中、青三代影迷去追求來一趟「愛之船」的旅遊美夢的樣本。好萊塢情聖卡萊・葛倫(Gary Grant)和一代艷星黛博拉・寇兒(Debora Kerr)主演的《金玉盟》也是從豪華郵輪衍生出的一部纏綿悱惻的電影。不知道讀者有沒有注意到，在上述電影中，參加旅遊的人，是多麼的有品味！

也許讀者會反問，他們都是電影演員，自然是「與眾不同」，但是，從一般常識去理解，上豪華郵輪旅遊，自不宜自貶身價！不過，時下流行一些三天二夜所謂的豪華郵輪旅遊，價格也訂的非常低。這些豪華郵輪都川行於東南亞海域一帶。約在幾年前，筆者應邀搭乘三天二夜的豪華郵輪之旅，但三天遊罷歸來，卻讓筆者大失所望。因為船上所提供的主要娛樂就是賭，如果不賭的人，除了關在房間裡看船上提供的錄影帶之外，可以說是無事可做。其中最讓筆者尷尬的是，出席船長晚宴時，除了船長穿上雪白制服外，只有筆者是穿正規禮服。其餘的客人都是隨便亂穿衣。筆者和船長好像是正規晚宴中的「異類」！類似這種三天二夜的旅遊，有沒有品味都無關緊要了！

長途飛行：不得已的安排

由於國際航線競爭過於白熱化，世界各大航空公司為了要爭取更多客源，莫不使盡各種手段來招攬客人，其中最容易入手的一招是，用美食和美酒來做為「誘餌」，讓乘客們有愉快旅程回憶，以便下一次再搭乘同樣的航空公司。

其實，在飛機上大吃、大喝並不是一件好事。尤其是越洲的長途飛行，更不可吃過頭。有一些沒有品味的頭等或商務艙的搭客，以為花了高價就要把代價討回來，於是，從上飛機開始就吃、喝起來，幾十小時下來，即使是鐵羅漢也受不了！

美國的各大航空公司自卡特總統宣布實行航線開放政策之後，自由競爭日趨白熱化，各大航空公司也相繼失去以往享有的航線保護的專利。於是，惡性競爭由此展開。高價位的美食、美酒，雖然可以招攬到新顧客，但不一定能保住老顧客。因為很多搭乘飛機的老美，並不很在意吃，更遑論喝了。於是，會動腦筋的人，應時推出不注重吃、喝的低價位票來吸引搭客，其中以專門經營國內線為主的U.S.A.AIR最為有名。它甚至可以讓乘客「自備食品」在機上「充飢」。機上的服務自然就談不上了！美國的國際航線受到U.S.A.AIR的影響，於是也走減低吃、喝的成本，降低服務水平的路線，但是，事後證明這條路實在不好走。U.S.A.AIR從萎縮到出售經營權。川行於國際的大航空公司，也接二連三停業或被其他航空公司合併，其中最有名的莫過於泛美航空公司宣告破產。

亞洲國家的主要航空公司沒有走這條路，反而是以更好的服務，更好的美食和美酒來招攬客人。這條路走的對，但是卻害苦了好吃、好喝的客人！機上喝酒鬧事的新聞，常出現在亞洲國家經營的航空公司上。查其主因，莫不與好酒加美食有關！其實，真正的老饕，可能只會對機艙供應的某幾種美酒有興趣，至於客機上的「美食」，即使經過宣傳技巧的包裝，也不會引起他們的興趣。抱著撈回本的搭客，才會做出猛吃、猛喝且沒有水準的傻事！

最近幾年來，「經濟艙後遺症」的新聞常在英國報章出現，患者多數是搭乘英國航空公司的客人。從新聞中證實，英航為了要節省成本、增加收入，想出有異於美、亞各航空公司的方法。它是用增加經濟艙的座位來達到目標。英航的經濟艙座位數目，平均要比其他航空公司多二十個。座位數目增加，只有縮短每排座位前後之間的差距。經濟艙本來就很窄了，若要再縮短伸腳活動的距離，「經濟艙後遺症」也就併發出來！

其實，長途飛行並不是一種享受。它只不過是一種不得已的旅行安排。如何能在這種不得已的安排中不讓自己受到折磨，這才是一個人品味的最好考驗！

騎自行車其樂融融

自行車在低度或開發中國家中，是主要的交通運輸工具。從運貨到上班，從迎親到搬家，自行車都扮演了主要角色。在上述國家裡，能擁有一部自行車的人，真可以說是「天之驕子」了！

自行車在已開發國家中，卻扮演另外一種角色：運動場上的競技項目之一。舉凡自行車越野賽或奧運中的長短程比賽，莫不吸引廣大的群眾注意。一年一度的歐洲跨國自行車長途比賽，更是熱鬧得不可開交的體壇盛事。除了比賽之外，自行車也是休閒項目中不可或缺的活動。全家一起騎自行車旅行，是澳紐兩國最流行的戶外活動。在澳紐，一家人全體出遊時，往往是把自行車架在家庭旅行車頂上，等到達目的地時，再把自行車卸下來，再到特定園區內悠然騎車玩耍，其樂融融，類似這種「車載車」的旅行，只有在注重戶外活動的國家裡才會常見到，其他地方並不多見。

隨著經濟起飛，國人對騎自行車的觀念也不斷在改變，自行車再也不是交通工具的必需品。莘莘學子們再也不用騎自行車上學。即使在鄉村，送東西的人，也不會在烈日下或風雨中，用兩腳踏著踏板沿街送貨。自行車也搖身一變而成為休閒活動的重要一環。曩昔青年人夢寐以求的三槍牌自行車或海格力士自行車（註：均為英國高級產品、半世紀前），多已消失。代之而起的是，本土製造的各類型自行車，而台灣也曾經一度是自行車製造王國。

常在電視體育節目中看到一年一度的歐洲國際長途自行車比賽的實況轉播，最吸引人之處並不是在於誰拿冠軍，而是自行車群路過的鄉村的花田小徑或樹木青蔥的山路，那種怡人的風光，應該是一種視覺上的享受。

去夏返國，也曾在花東縱谷的自行車公園過了一下騎自行車的癮，花東縱谷是一條非常適合騎自行車的路線，特別是每當黃色油菜花盛開時，那種沁入心肺的清香，騎自行車路過，絕對是一種享受。若是在油菜花盛開的花季裡，舉辦一次花東縱谷自行車邀請賽，相信，一定會是不一樣的體育活動。

隨著生活水平提高，騎自行車也應是怡情養性的一種有益身體健康的活動。讀者諸君都有騎自行車的經驗，如果是屬於隨著經濟起飛而成長的人，相信他們現在騎著自行車時的心情，絕對和幾十年前不一樣。而在經濟起飛之後才成長的人，他們也許只知道自行車是休閒活動的一種運動器材。至於自行車在過去所扮演的重要角色，對年輕一代的人而言，也就是毫無意義了！

酷的象徵：跑車和機車

開跑車和騎機車都是在行的範疇裡的兩種特別的代步工具，也是好萊塢拍電影的主題之一。《養子不教誰之過》這部片子裡，男主角詹姆斯・迪恩(James Dean)開了一部水藍色的敞篷跑車，不知道多少少女為他傾倒！也不知道引來多少同性男子的嫉妒。這是好萊塢為「酷世代」塑造的第一部跑車。至於機車的電影，都是由酷型角色扮演主角。遠者為《第三集中營》男主角史提夫・麥昆騎的大型哈雷機車。硬漢奇連伊斯伍在Dirty Harry系列警匪片中騎的鬼見愁型的大型機車也引人入勝。小生型巨星葛雷葛萊・畢克，只能騎Scotta型機車，載著奧黛麗・赫本在羅馬城大街小巷裡「觀光」了！

跑車酷，開車的人也酷，但是要千萬記住，不能因「酷」而不守交通規則，更不能耍「酷」而變成「路霸」。在新加坡，也有不少酷世代的人開酷型跑車。因為新加坡彈丸之國，沒有地方給他們耍「酷」。於是，他們就到馬來西亞耍「酷」去了！可是，不少災禍就是發生在這個「酷」字上面。輕則因超速而被控上法庭；重則因車禍而車毀人亡。常在報章上看到白髮人送黑髮人的慘劇。車禍的發生都是和耍「酷」有關。但回頭想想，要是有錢的父母如果不把錢給他們的孩子去買跑車而顯酷，悲劇不是可以避免了嗎？

在電視上常看到跑車大賽的實況轉播，驚險鏡頭層出不窮，因為它是正式比賽，沒有替身可言，因此更提高了收視率。尋求刺激是人的本性，汽車大賽也就更加吸引人了！不過，跑車大賽也可以說是「死亡大賽」，開車的人隨時會有生命危險。約二個多月前（九〇年五月），美國賽車名手恩哈特(Earnhart)就是在比賽時，因撞向跑道護牆而當場喪生。這也應驗了「將軍難免陣中亡」的宿命詩句。

騎機車也是耍酷的手法之一。尤其目前最流行的機車是，後面的座位較駕駛人的座位稍高，有女同行的騎士，讓女友雙手緊抱著他的腰身，上身貼得緊緊的，然後向街道間飛駛而過，那種旁若無人的狂態，讓人為之氣結。因為他們只知道酷，但是不知道，也不去了解，甚麼才是真正而又有品味的酷。

筆者剛來新加坡的時候，機車還不多，但隨著經濟不景氣，或者是酷世代的人口大幅提升，現在機車也愈來愈多。只要從騎車人或車型上，就可分辨出他們是靠機車幹活的，或者是耍酷的。前者騎車中規中矩，後者可就不一樣了！

義大利人有一句話，「開快車到那不勒斯看海，即使是死了也心甘情願！」但願耍酷的人，不要去應驗這句話！

超速：死亡的陷阱

常常在電視新聞和平面印刷報章上，看到許多怵目驚心的畫面和圖片，他們都是因超速飛車而導致死亡的車禍悲劇。開車，本來是一件愉快的事，如果因開快車而走向死亡之路，相信這絕非發明汽車的人的初衷！喜愛開快車的義大利人常說：「開快車到那不勒斯看海，即使死了也心甘情願！」這可能是開車人的一句語不驚人死不休的「豪語」！相信放話的家人，甚至朋友，也不願看到這種結局！

心理學醫生們常說，喜歡超速開車而越過其他車輛的人，往往有一種看不得人家比自己快的不正常心理。他們建議這類人除了應該受到重罰外，還需要去接受心理輔導和治療，因為罰款並不能遏阻這種不正常心理的持續性發展。況且，惡習一旦養成，它有若一枚炸彈在路上滾，隨時隨地都會爆炸。

有一些開快車的人常會為自己非法超速「脫罪」。最簡單的理由是，因有急事，非要在限時內趕到不可；另一說則是，前面開車的人太慢，不得已才趕過去。這些都不是理由，也不是一個有品味的人開車應有的態度。在國內，教開車的人，沒有盡到責任，而且考駕照的制度過於機械化而疏於道理的灌輸。於是，教開車的人只負責讓學生在熟記應考模式，只要能拿到駕照即可。學開車的人，只要「熟背」教練場上的各種駕駛習題，到了考試的時候，只要依樣畫葫蘆即可過關。但是，當他拿到駕照正式在路上開車的時候，他才發現，在教練場所學到的各種「技術」，卻一點都派不上用場，到頭來還得重新摸索。很多沒有開車品味的壞習慣，都是從那時開始養成，快速超車自然也不例外。

目前好萊塢流行拍攝動作片，超速飛車，自是動作片中少不了的刺激鏡頭，而且也有其賣點。打從第一部〇〇七電影開始，就有超速開車的「教育性畫面」。想想看，三十年的「教化」，能不「培養」出快車好手嗎？而現階段的動作片中的飛車，比〇〇七又不知快了多少倍？等到青少年成長而取得駕照後，從電影（視）洗腦而「教養」出來的飛車族群，不知道又會對社會製造出多少問題？

人們常會談到「代溝」的問題，上一代的人的想法，或許會和下一代的人的想法有所不同。但是，有一些日常生活的規則，卻不能有所謂代溝的存在。不要快速開車就是最簡單的例子。因為上一代人不開快車的好習慣，也要傳承下去，而下一代的人也沒有拒絕接受這種好習慣的理由。

開車的人，不但要對自己負責，而且也要對其他的人負責，而且後者甚至重於前者。超速，是一個死亡陷阱，不能硬生生的往裡面跳。

散步與慢跑

散步，它是在行的領域裡最瀟灑的一種活動。它幾乎是日常生活的一部分，也是不可或缺的一部分。一個人隨著年齡的增長而對散步的領略也有所不同。小孩子隨父母牽手散步，是學行的開始。情侶時代的散步，應是成家立業的起步。中年時代的夫妻散步，是對事業有成的一個期許。老伴攜手散步，表示對人生美滿的欣慰，突顯沒有虛度歲月的遺憾。

散步是生活重要的一環，因此，它也變成電影的好題材。好的散步鏡頭讓人百看不厭，而且也雋永難忘。別看短短的幾步路，要拍得精彩，並不是一件簡單的事。它不但考驗導演的才華，也要考驗他的靈感。永垂不朽的作品，有時靈感第一，才華反而退居次線。《北非諜影》這部電影盛名不衰，且歷一甲子之久，除了演員和導演的洗練技術之外，處處充滿靈感的鏡頭，應居首功。在結局時，它有兩個散步的鏡頭，一個是女主角和她的丈夫手挽手慢慢走向引火待升的飛機，它表示另一個挑戰接踵而至；男主角挽著亦敵亦友的警察總監，在霧色蒼茫裡走向機場的另一端，正如男主角亨富利保加所說：「路易，這是我們重拾友誼的開始！」同樣是散步，卻有兩種不同的心情。導演實在是把散步給拍活了！這也是靈感的特殊表現。

像台北這個大都市，能提供給市民散步的地方不多，只有在幾個公園裡，還可以在日出前或黃昏後去散散步。不過，只有居住在公園附近的居民才能享受到這種專利，其他地區的居民，就享受不到了！當一個現代化的都市不能為它的居民提供更多散步的空間，讓他們利用散步來紓解壓力或者是享受一下輕鬆生活的一面，那麼這個大都市只不過是徒有現代化之名而無現代化之實！

有異於散步的則是慢跑，慢跑雖然沒有散步那麼具有浪漫氣息，一個人獨自慢跑是為了要鍛鍊身體，因為出汗有益健康。有些人慢跑是為了要練氣，以期有朝一日，能在國際性的馬拉松大賽中，出人頭地，勇奪冠軍。慢跑和散步一樣，也是需要場地，沒有好的慢跑場所，會讓很多人有挫折感，這也許是都市漫無節制的發展所引發的排擠效應吧！

群體的慢跑卻和個人慢跑不一樣，前者均有一種目的，「為甚麼」而慢跑。最近常上新聞的應是，海峽兩岸為中國大陸申辦奧運成功而慢跑。由海峽的這頭，跑到海的那邊。希望這是和諧的慢跑，能跑出一個雙贏的結果，以不負跑者和觀者之望。

違規停車：都市的惡瘤

記得三十幾年前，筆者有緣和台北市長張豐緒面談，並向他建議多設馬路旁停車收費表，用此收益來改良台北市交通建設，並建立停車就需付費以根絕免費停車的習性。張市長卻說：「台北市政府有的是錢，不需要這些『小費』。」他的談話，讓筆者大吃一驚！

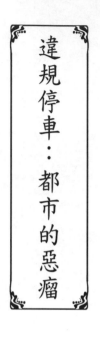

另外，筆者當時也和擔任美國大使館新聞官吉普遜先生談到台北市的交通問題。他說：「如果貴國能從現在開始，著手進行交通規則教育，那麼一代（註：約三十年）以後，開車的人自然而然就會守法了！」他的話同樣讓筆者吃一驚。

首先吃驚的是，當年的張市長把台北市政府當成是他的家，停車費這種「小錢」，根本看不在眼裡！其次是，吉普遜把交通教育視為正常教育，非三十年教化，不足以臻功。現在，三十年有若過眼煙雲。當年的市長已經告老，而吉普遜也進入天國。但是，台北市停車問題日益惡化到無可救藥的地步，交通秩序可說是蕩然無存。

在世界其他地方，大都市裡的停車問題一直都存在著。不過，其他地方均能迅速提出配套解決辦法：從重罰到開闢停車場地，從鼓勵市民多利用大眾捷運系統到執行進入商業區需付費等，都可收一石多鳥之效。而在台北，卻眼睜睜看著惡化而束手無策！

違規停車是不良習慣，一旦養成，很難改得過來。因為人都有僥倖的心理，以為違規停一下是一件沒有甚麼了不起的事。更何況警察不一定會來開罰單。但是違規停車為了一己之便而讓他人受苦，卻不見得是一件光彩的事。在新加坡，違規停車處罰甚嚴，但也不能完全收到阻嚇之效。特別是在鬧區地方，開車的人為了自己方便，把車停在一些不該停的地方，讓其他開車的人叫苦不已。約一年前，新加坡政府把很多商業區內交通通道和馬路轉彎的彎角地方，畫上黃色齒輪線，只要是有人把車停在這道齒輪線上，一旦遇到巡邏警察或執法者，他們就會用大鎖把車輪鎖住，違規停車的人若要解鎖，非親自上交通大隊繳納罰款不可，罰款是二百五十元星幣，可以說是最嚴重的違規停車罰款。現在，很少星人敢「以身試法」，商區內的交通也順暢許多！

開車守法，是理所當然！若能從開車中領悟到品味這門似淺又深的學問，對一個開車的人而言，可以說是最大的收穫了。

第五章　育之篇

這種快樂童年的生活情景，台灣幾乎已看不見。

可憐的小留學生

小留學生（含青少年）是泡沫經濟高峰期的副產品。雙親或單親因營營役役於股票炒作或其他快速致富行業而無法照顧自己子女時，因為有錢而將他們送到國外就讀。既可滿足虛榮心，又可為本身忙碌而疏於管教責任而開脫愧疚之心。未及成年的子女放洋，也變成一種雙親「自我脫罪」的時尚！

筆者任職澳洲時，第一次接觸小留學生約在八〇年代中葉。當時的小留學生是住在一些由補習班附設的宿舍內，由於澳洲是英語教學，小留生因不懂英文，於是，補習英文的補習班如雨後春筍般出現，懂得經營的班主任們就另設宿舍，以解決小學生們的「棲身」問題，而父母們對附設有宿舍的補習班特別「鍾愛」。他們以為，補習班可代替父母「管教」小孩。澳洲有很多公立中學是很容易進入就讀的，只要英文可以過關，小留生們多數可以如願以償，註冊入學。當一個成長中的孩子，最需要父母之愛的時刻而沒有得到的話，他們很容易迷失自己。誤入歧途的事，也就接二連三的發生。

在新加坡，也有不少來自國內的中、小留學生。幸運一點的學生，可以住在親戚家裡，或者是父、母親輪流來新加坡照顧。沒有這麼「好命」的人，只有住進專門為留學生辦的宿舍或者是住到分租的私人住戶。這些學生們的心情，自然不會好到那裡去。留學生變成「留放生」的故事，也就慢慢變得多起來。

在澳洲和新加坡，有不少是有錢的留學生，他們都有一擲千金的「豪氣」，連很多事業有成的大人都比不上。因為父母不能給他們愛心照顧，於是，給錢變成脫罪的「補償」。筆者曾在雪梨親眼看到有幾個年約十七、十八歲的青少年留學生，在一間有卡拉OK的餐廳內，只要是女性服務人員給他們碰一碰手，小費就是好幾百元（澳幣）。也有一名高一學生，開了一部賓士跑車上學，校長看到後大吃一驚的說：「我教了一輩子書，還買不起這部車。他們算是被寵壞的一代。」

「被寵壞的一代」也可以說是小留生的代名詞。父母寵愛兒女已經不算是正常的教育了，但為了本身的贖罪而去寵愛，應該是錯上加錯了！

小留生是一個經濟錯亂時代的產物。目前台灣的經濟已跌入谷底，隨著經濟蕭條的來臨，「小留生」這三個字很快就要成歷史上的專有名詞。對台灣新一代的少年而言，未嘗不是一個福音。

葛妃與黛妃

摩納哥王妃葛萊絲凱莉和英國王妃黛安娜，雖均已魂歸天國，但她們兩個人生前的遺風，至今仍讓人追懷不已！

葛妃在好萊塢事業如日中天的時候，忽然急流湧退，下嫁給摩納哥國王藍尼爾，造成轟動世界的大新聞；黛妃卻以一介平民之女而進入白金漢宮，成為英國女皇的媳婦，不但讓不少人跌破眼鏡，更成為日後「狗仔隊」追逐的對象！

葛妃的氣質完全是屬自然派，沒有一點做作；黛妃則相反。兩個人的衣著品味各異，前者喜歡穿高雅而淡麗的衣服；後者往往是穿鮮艷而暴露的服裝。當他們面對媒體時，因本身的修養和見識不同，應對之間，完全就不一樣。媒體對葛妃留有好感，下筆取鏡之間，常有所保留，對黛妃則完全不同。雖然英國皇室一再對外呼籲，甚至用很重的字眼對媒體的做法，表示不敢苟同，但英國的媒體以及世界各地的狗仔隊，仍然是不肯放過！

眾所周知，葛妃的王夫藍尼爾是一個漁色的人(Philander)，葛妃心知肚明。可是，葛妃對這種街道小聞，卻處之泰然，讓藍尼爾心生愧疚。查爾斯王子鍾情離婚的婦人，也是眾人皆知的事。如果不是礙於皇室的規矩和不捨棄位，相信黛妃也不會貴為王妃了！黛妃自與王子結婚後，小道新聞對查爾斯王子與老情婦幽會的事，常有報導。最後引發黛妃的報復，公開對媒體透露她曾和貼身侍衛發生性關係。從這件事情看，她是多麼沒有品味。

黛妃決定下嫁查爾斯王子時，葛妃曾經專程前往倫敦，面授做王妃的機宜。事後，黛妃對外界透露，獲益匪淺！他們兩人談話的內容，外界了解不多；但相信，如何應付媒體蜚短流長的新聞，葛妃對黛妃，一定會傾囊相授！可惜的是，黛妃囿於見識，以致悲劇收場！許多悲劇是可以避免的。只是因為個人因素使然，同樣的悲劇，也就不斷發生！

葛妃因車禍而香銷玉殞。同樣的，黛妃也因車禍而亡魂海外！所不同的是，葛妃是死於與家人同車外出的車禍，黛妃則死於為了逃避「狗仔隊」的追逐，與情夫雙雙非命於離奇車禍！（註：車禍原因，至今未明！）

葛妃的追思彌撤，只限於至親好友，而黛妃的葬禮，卻全球實況轉播！

美國《時代》雜誌在追悼黛妃的報導中，有這麼一句話：「大體來講，我們已知黛妃過去是何許人物，但是，我們也將永遠不會知道，如果她沒有死的話，她將會變成甚麼樣的一個人！」

葛妃與黛妃同樣是以一個平民少女的身分而入主王室之家！但由於品味不同，彼此的命運也就不一樣！一個是處事泰然而歡樂；一個則是不夠開朗而鬱鬱寡歡。

要有快樂的童年

童年，它是人生的啟蒙期。童年的日子是不是過得很愉快，直接或間接，都會影響到往後的一生。

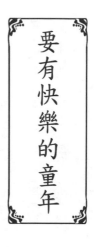

童年的日子是不是愉快，問題不是出在兒童本身，因為他們沒有辦法決定他們自己的生活方式；因此，家長和兒童們的老師，就扮演了吃重的角色。有品味和有教養的父母，絕對不會強逼自己的小孩過著痛苦的日子，而影響小孩子們日後的發展。同樣重要的是，老師也要有教學的品味，其重要性，有時後者尤其甚於前者。

小孩要不要管，其答案自然是肯定。但是，管教的方式，人言言殊，莫衷一是。比較合乎自然法則的管教方式，應是啟蒙多於教條，快樂多於痛苦。有美好回憶的童年，長大之後自然會懂得過愉快的日子。記得在《火燒舊金山》(San Francisco)那部電影裡，神父Spancer Tracy得知女主角珍納・麥當奴(Jenet Mc Donold)要嫁給富豪的時候，第一個反應問話是：「妳會覺得快樂嗎？」珍納用肯定的語氣回答後，神父才緊握她的雙手，祝福她婚姻幸福。西方人重視快樂是從小就開始。然而，不幸的是，吸毒把整個西方社會的基本結構打散了，也把西方社會的宗教基本價值觀摧毀。單親家長的人數急速上升，未成年生子好像無法控制的瘟疫。試想，在這種環境長大的兒童，還會有愉快的童年回憶嗎？充滿暴力和戾氣的青少年，也就變成「自然的產物」。

在美國，人們都會懷念五〇年代（上個世紀），那時真是一個四海昇平的祥和時代。社會安定，沒有暴力和暴亂，兒童們過著快樂的日子。有人形容五〇年代這十年，可以說是美國上世紀的金色年代，一點都不假。到了上個世紀的八、九〇年代，美國人才輩出，這都和他們有愉快的童年有關。

現在回頭看看國內，民國四〇年代雖都是過著苦日子，但是，社會安詳。清苦的日子，讓兒童們了解到只要有安詳的日子，物質並不是唯一決定日後一生的終極要素。那個年代的父母，也都有和政府同甘共苦，淬礪奮發的精神，也給小孩莫大的鼓勵。現在各階層的領導者，是從那時的刻苦耐勞日子磨練出來，日子雖然清苦，但也過得愉快。

可是，現在的兒童，卻分別在兩種不同的環境長大。一種是過著日子，另一種卻是過著沒有開導的日子，兩者都不會給兒童有愉快的美好回憶。

人們常說，兒童是未來的主人翁，他們扮演未來的主人翁之前，先要有一個快樂的童年，為人父母或是長者，切莫忽視這個易懂而難做的簡單道理。

望子成龍和惡補

惡補，是亞洲人的專利嗎？答案應該是肯定的。君不見，從中國大陸到新加坡，從日本到台灣，大約有一半以上的人，或多、或少，都和補習發生過「關係」。補習時間少的人，還有時間去做一點別的課業，補的時間過多的人，一天除了六小時的睡眠外，其他的時間都和課業、作業以及補習教材糾纏在一起。望子成龍的雙親終日以祈盼的眼神看著子女，被教材壓得透不過氣的子女，也只有以無活力的眼神回望。望子成龍變成這種樣子，何苦來哉！

補習教育種類繁多，以往，最簡單的莫過於升學班。自九年國教實施後，國內的學子少了一級的補習。想子女考進一流學府的父母，很自然的就會安排課外補習，以期有朝一日能金榜題名。第一次沒有中榜的子女，免不了要進入補習班「再深造」！現在，大學聯考正式廢止，青年學子們可以逃過補習一關嗎？其實不盡然，課外補習卻變本加厲！真是何其不幸！

不知道從甚麼時候開始，國內流行起留學托福補習班。因為補習班神通廣大，善於猜題，於是，想子女放洋的父母，也就不惜花錢下注，希望子女們能順利通過托福而放洋，期待日後有所回報！為了應付留學考試而上補習班，相信是亞洲非英語語系國家的「專利」！

在新加坡，看到不少父母整日為子女補習而煩惱。母親幾乎是子女上下學、去補習班的「專用司機」。家裡有錢的人，請補習老師到家裡來為子女補課，負擔不起這種開銷的家庭，也勞動母親出駕。在父母親的心目中，子女多給一點填鴨式的補習，日後的前（錢）景看好。可是，他們卻忽略子女們的感受！從教育心理學的觀點看，他們對子女的施，未必能得到他們期望的回報。

藝術，這門講究天分的課程，在亞洲，也變成一種補習班的專利。學習鋼琴、小提琴、舞蹈以及繪畫等，都有補習專家來為望子成龍的家長們服務。為補習而補習的事更是不堪聞問了，專門從事補習的「老師」，又能有甚麼專長傳授學子，創作的靈性更不用談了！

記得行政院前院長孫運璿先生在接見訪客時，用遺憾的語氣表示注重發展經濟的同時，忘了倫理建設，以致整個社會的價值觀有了偏差！為人父母者，在望子成龍時，不要只注重書本和教材的強壓，而忽略了倫理道德的教導，因為後者比前者還要來得重要。

望子成龍望過頭，豈是有品味人們所為？

成人教育

不要以為成年之後就不再需要教育了！愈是有品味的人，愈能隨著時代前進的步伐，不斷吸取新知。尤其是處在這個資訊爆炸的時代，成人教育是要比學校教育來得重要。因為，在成人教育的領域裡，往往是不需要上教室的！

在一個封閉的社會裡，成人教育並不受重視。因為只要這個社會有少數菁英領導，就可以「天下太平」。而這些菁英們的一言一行，都是社會大眾學習的表率，知識的傲慢習氣也就與日俱增。一個傲慢的人，絕對不會有聞過則改的好習氣，更不要說具有不恥下問的美德了！愈是封閉的社會，排他的氣息也就愈濃。到了最後，只有走到「智識乾涸」的地步。淘汰出局也就是「合理」的結果！

一個成功的企業家，他一定要每日自我充電，充電愈足，競爭力也就愈大；一個政治家，每天不但要自我反省，而且還要閱讀來自四面八方的參訊，去蕪存菁，以備不時之需；做老師的人，每天也要學而時習之，不能再用一本講義像留聲機般，一放再放而無新鮮內容；即使一般成年的升斗小民，也要有接受新知的觀念，不可以過著自我閉塞的日子。

最近剛去世的《華盛頓郵報》前董事長葛萊姆女士，生前曾在她自寫的自傳中（註：得普茲傳記文學類獎）就曾洋洋自得地細數自我充電的好處。她說，她如果沒有利用閒暇時間閱讀取樂，往後很多重大決定的結果，可能不會是她所預期的。眾所周知，決定刊登五角大廈的越戰內幕以及水門案的報導，是讓《華盛頓郵報》三級跳，從一份普通報紙而躍升成為世界名報。豐沛的常識和閱歷，給葛萊姆增加了正確判斷力的智慧。

西洋人常說：「知識就是權力」(Knowledge is Power)。知識不是與生俱來的，而是一點一滴匯集而成。成人教育的目的，就是要鞏固他們的權力基礎。基礎愈紮實，運用起權力來就會愈成熟。這裡所指的權力，是廣義的而非狹隘的。因為每一個人，都會有運用其權力的時候，因此，權力也就是自我判斷的廣義的解釋。為政者在掌權的時候，如果是因知識不夠而誤下判斷，其所造成的危機與後果，又豈能只憑淡淡的一句道歉就能了事？君不見，日本政客和財閥，常常為誤下判斷而道歉！一而再，再而三的道歉，才會把日本的國力從空前的繁榮而帶到整體的衰運。道歉不能彌補才疏所犯的過錯。

聖經上有一句話：「人，總是不能從失敗中記取教訓，歷史的悲劇由是一再重演。」它的含義自然是希望成年人能多學習，記取教訓，免得重蹈覆轍！

代溝與溝通

常聽到一些父母們抱怨說，他們和子女間的鴻溝是愈來愈寬，幾乎達到無法溝通的地步。言外之意是，錯不在彼，而是錯在子女。因為子女們不能接納他們對事、對物的看法。由於看法不一致，才會造成代溝的存在。

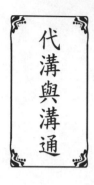

為人父母者，總是希望下一代要比上一代更好。這種期待原無可厚非。不過，期待變成不切實際的要求，代溝就會自然形成。譬如說，子女在成長過程中，父母在從旁協助的時候，往往忽略了本身協助的角色，強力介入子女的思維，要求子女也和他們一樣。這種不合時宜的要求，自然會形成代溝。

一些有教養的父母，他們對子女是以「期許」(Expect)之心來從事輔導教育，而不是以「要求」(Ask For)的態度來「看管」他們的一言一行。前者懂得溝通，後者卻是單向的指令，其所造成的後果，自然是不一樣。

代溝的形成，或許是自然的，或許是後天的。不論其形成的原因是甚麼，但如果能以溝通方式去縮短差距，代溝就自然會消失。

和子女們溝通，是現代生活的一部分。因為在資訊爆炸的時代裡，單向傳達訊息的方式，已經不復存在。再者，青少年所接觸的傳媒資訊，往往有異於他們的父母。子女有惑而請教父母時，父母應該有能力去用理性的方法為他們解惑。即使子女們所提出的問題，有時會超越父母們的想像範圍，做父母的人，也不能因無法解答而惱羞成怒，也不能因為問題的發生而作鴕鳥式的相應不理。有品味的父母，他們不但會不恥下問，去找出本身不能提供解答的方法，來滿足子女們的期盼。從解惑而讓子女增加對父母的信心。相互的關心，由是建立起來，代溝也就消失於無形。

常常看到一些家庭，父母和子女打成一片，其樂融融。但也有一些家庭，父母和子女好像是陌路人一般，沒有甚麼家庭之樂。認真檢討起來，前者是沒有代溝的一片廣闊平原；後者卻像深溝寬闊的天塹之地。其所形成的原因，不外是溝通良與不良所致。

溝通，是一種藝術，也是現代生活重要的一部份。

E世代的問題

「E世代」好像是一個新鮮的名詞。因為「E世代」一出，所向披靡，任何和它相關的事物，只要不冠以「E」字，就像是被遺棄在路旁的廢棄物，即使是再有價值的東西，路人經過，也不屑一顧，更別說彎腰去撿了！可是，你曾想到過，你也是從「E世代」中長大的，你也走過「E世代」的路，所不同的是，只是沒有一個「E」字而已。

現在要講到「E世代」的問題，其實也是每一個「世代」(Generation)在成長過程中所面臨的同樣問題。如果把「E」去掉，不也就是自己的親身經驗嗎？

記得六〇年代在美國求學的時候，越戰方殷，反戰聲浪此起彼落。反戰，也衍生出新的一代——「嬉皮」。他們的言行舉止，與其上一代大異其趣。「嬉皮」的大本營是鼎鼎有名的加州大學柏克萊校園。因為嬉皮崇尚自由與解放，要擺脫世俗枷鎖，吸大麻與性濫交也成為時尚。筆者那時在堪州大學唸書，住在一家包吃住的美國人家裡。每每在週五吃晚飯後，女主人都會提醒外出參加派對的女兒，不要忘記帶避孕藥——「Don't forget the pill」！（註：當時所稱的pill是指口服避孕藥，剛問世不久！）有一次，筆者實在忍不住問女主人，為何「鼓勵」女兒服避孕藥？女主人無可奈何地說，這不是鼓勵，而是不得已的預防！總好過事情發生而去非法墮胎吧！言下不禁悵然。現在台灣的社會不也是發生同樣的問題嗎？只不過是多了一個「E」字而已！

男性長髮是七〇年代歐美社會新一代的時髦修飾，當時亞洲國家都不能接受。媒體一再報導強迫剪髮的新聞。記得新加坡曾發生了一件讓人哭笑不得的事，新加坡表演團體邀請了一位日本演員（已忘其名）前來新加坡表演，可是此君留有長髮，當他抵達國際機場時，主辦單位含蓄向他表明新加坡政府有男性不可留長髮的規定，請他在機場由專人為他修髮之後再入關。這位日本演員挺有個性，直截了當回答說：「你們尊重新加坡的法律，就尊重我的頭髮！」隨後立刻二話不說，搭乘原機返日。現在的亞洲國家，除極少數的如緬甸和北韓之外，男人留長髮已經是一件上不了新聞的小事。而E世代的族群們，幾乎都有長髮為己留的習慣。在亞洲社會裡，留長髮的問題已由不許而變成開放，其間經歷整整三十年之久！

其實，E世代的問題，就是為人父母本身經歷過的問題，也是為人師表者接觸和摸索過的問題。如果能用平常眼光去看「E」這個字，也就不會有任何繁雜和「管教」的煩惱問題發生了！

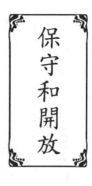

保守和開放

一般人都有一種錯覺，以為年紀大的人都是行事謹慎保守的人，因此，他們和年輕一代行事開放的人合不來，其實，這是一種見樹不見林的看法。行事謹慎不代表保守，因為從年歲累積的經驗，並不是弱冠之齡的人可比擬的。和保守相對的是開放，年輕人有開放的衝勁。冒險，讓他們有不計後果的爆發力。但是，也有少年老成的年輕人，他們的處事法則，不外是來自有品味的父母，在耳濡目染之餘，學得了寶貴的經驗；但也有來自本身的進取，從書本中學到了教訓，以免步犯錯者的後塵。

保守是好、是壞，沒有定論。凡事都以保守眼光檢驗事物的人，失之於劃地自限、而沒有開拓之心。這類型的父母，在教導自己子女的時候，就會讓子女們枯守在自己的藩籬之內，而自絕於世界之外。有品味的父母，即使本身個性屬於保守型，但也不會用保守的教條來約束子女；相反地，還會直接鼓勵子女多和外界接觸，用外來的接觸來平衡保守的失衡。

處在資訊爆炸的時代裡，保守管教方式自不合時宜。因為上網已是時尚，子女們從網上得到的資訊，往往要比來自父母的還要多而且廣。不過，在網上所得資訊的吸收過程中，子女們的分析能力，自然比不上父母，因此，在探討的時候，經驗就顯得特別寶貴。有很多家庭，父母子女一起上網，目的就是要長者能趕上下一代的腳步，免得有「問道於盲」之譏。在網路空間的世代裡，保守和開放相比，保守一點的處世原則，反而要比往前直衝來得重要。因為它扮演了執韁繩的角色。

在五〇年代裡，大專聯考幾乎是決定一個青少年終身命運的「命運之考」，過此一關，平步青雲的機會，自然要比名落孫山的人來得多。父母們對子女們的嚴厲鞭策，也就不在話下了！記得在同輩之中，有若干應聲落榜的朋友，他們都是來自管教很嚴的保守家庭；有一些上榜的人，他們的父母親只扮演輔導而順其自然的角色。落榜的人，當然不能全怪父母管教過嚴。不過，依據現代心理家的分析，來自保守過嚴的家庭的子女，他們在參加入學考試的時候，都會出現一種「過度緊張症候」(Symptom of Hypertension)，明明是會答的問題，反而因緊張而答錯。患這種緊張病狀的青年人，他們內心中都有強烈達到父母期許的使命感。這也是愛之適足以害之的最好寫照。

天下的父母都是希望把自己的子女教育成人的，但是在教育角度取捨之間，就是一門很大的學問，豐沛的閱歷和有品味風格，常會給予意想不到的助力。

溺愛和偏愛

溺愛和偏愛都是父母給子女們一種不正常的愛的教育。前者會造成「養不教，誰之過」的嚴重後果；後者則會發生「反目成仇」的倫理悲劇。

父母給子女的愛自應是毫無保留的。不過，在給的時候，也應有原則可循。子女犯錯，不能因為愛的蒙蔽而給以寬恕。子女在成長過程中，對是非善惡的分辨，並沒有成熟的看法，如果犯了錯而不加以糾正，甚至是還給以庇護，那麼，當積非成是的偏差習性一旦養成，日後要想改就來不及了！社會上有不少犯罪的青少年甚至是成年人，如果要去追蹤他們成長的心路歷程的話，多多少少和溺愛有關。

不同於溺愛的偏愛，也是一種不正常的「愛的教育」。在老式的家庭裡，偏愛的事情常會發生。譬如說，長孫常受老奶奶偏愛；在同父異母或同母異父的家庭裡，偏愛某兄弟姊妹的情況更嚴重；而一個父親同時娶一位以上的妻子，那麼，偏愛的事情更會層出不窮了！在歷史上，宮廷奪權悲劇的發生，往往都是因在位者廢長立庶而造成；很多豪門巨戶，多因某人得寵而出現排斥以致造成「五步流血」的悲劇。《朱門恩怨》這部電視連續劇就是最好的寫照。

在一個普通家庭裡，也會有偏愛的事情發生。雖然兄弟姊妹都是來自同一父母，但也會發生偏愛某一人的事。於是，受偏愛的人，就會受到其他人的聯手抵制，到了日後長大成人，走到社會之後，形同陌路的情況也接踵而至。這種結果，絕非父母們原先所願，只是因為無度的偏愛而造成的後果，最終也付出了慘痛代價。

常常看到一些父母在教育子女的時候，用哄來「收買人心」。譬如說，孩子哭了，父母們先不去找哭的原因，而立刻以糖果甚或禮品來讓他們停止哭泣。久而久之，小孩們也了解到，哭是他們的「法寶」，只要一哭，他們所需的東西就會到手。處在這種家庭成長的子女，到了社會之後，就會有兩極情況發生。一是因得不到他們需要的東西，久而久之，變得意志消沉而對人生充滿灰色。另外一種極端是，為達目的而不擇手段，即使作姦犯科，也在所不惜。在偏愛家庭長大的子女，他們日後的生活也是不規則的，不受偏愛的人，會朝不同方向走，往好的方面是，自我奮鬥，不依外人；往壞的方面是，不用愛的眼光去看待事物，反而是用恨來處理問題。至於從小受偏愛關懷的人，日後很難有好的發展！

父母給子女的愛是，善意的關懷，而不是隨意的施捨。子女所要的愛是，賞罰分明的愛心，而不是善惡不分的溺愛和偏愛！

自然教育：山水有情

最近報章常用「大地反撲」來形容自然災害。因為住在地球上的人，不懂得珍惜這塊提供給人們衣、食、住、行的寶貴土地，反而無情地去摧毀它，於是，它也就施以無情報復。現在的台灣，一雨成災，就是很好的明證。

因為「大地反撲」所給人們帶來的災害太過嚴重，於是，珍惜自然的口號也油然而生。口號，可以喚起人們的注意力，但當口號流於宣傳的文字時，它就了無意義了。珍惜自然要有方法，也是一個長遠的計畫。它沒有一蹴可就的捷徑，完全要從教育著手。當人們在兒童時就了解自然教育的可貴時，到他成年之後，絕對不會是一個破壞自然生態的人。曩昔每到陽明山花季時，上山賞花的人，絡繹於途。不幸的是，摧花客多，賞花人少。在花季還沒有落幕時，櫻花也變成飄零的落花了！某年，《聯合報》曾用了一副讓筆者銘記至今的標題：「陽明山頭春意鬧，賞花莫做摧花人」！隨後，「護花」的言論，此起彼落，摧花的人也就慢慢消失於無形。愛護自然的人，也應作如是觀！

西方的工業大國，目前不斷發出保護自然的呼籲。要為子孫留下一片可安居的淨土，變成喚醒大家愛護自然的主軸。特別是對濫墾亂伐的第三世界國家提出嚴正的忠告，不要再讓伐木者，漫無止境的把雨樹林摧毀。有些有自然資源可賣的國家提出詭辯說：「為了要目前的生存，只好犧牲下一代的幸福。因為這一代都無法生存，那裡還有下一代的生存機會。」這是一種似是而非、混淆視聽的說法。因為從人類進化過程中來看，沒有那一個國家或民族，是為了要本身生存而去犧牲下一代的。只有暴戾的執政者，才會做出禍延子孫的錯誤決定！

自然教育是一種和大自然生活在一起的啟蒙教育。從認識自然到了解自然，有一段漫長的路要走；再從了解自然到愛護自然，則是一條走不完的路。它要本著孔老夫子的名言：「學而時習之，不亦樂乎」的心態去關懷自然。關懷是沒有年齡限制的，年輕人可以去關懷自然，兩鬢飛霜的人，又何嘗不能去關懷自然呢？

在歐美國家，常看到舉家野外露營，回歸自然變成了時尚，因為只有在四周寂靜，只聞蟲聲的夜裡，才能聽到自然的呼喚。才會提醒人要隨時給予自然的關懷。目前，國內也流行親子自然遊的旅遊項目，父母陪著子女，一同去了解自然；自然，也在無形中扮演了拉近上下兩代距離的推手。這是一個成熟社會應有的現象。

山水是有情的，它也會常伸出友情的手去和人們相握。彼此在自然和睦相處中，共同去建立美好的家園。台灣，它在過去十幾年來，為毫無章法的經濟開發，而惹出了山水無情的大禍！豈能不及時回頭沉思，挽救沉淪，共同為下一代開闢一條康莊大道？

大學教育能學到甚麼

自古以來，中國人都被「書中自有黃金屋，書中自有顏如玉」這條「金科玉律」箍得緊緊的，幾乎連氣都透不過來。因為一旦讀書無成的話，「金屋藏嬌」的美好人生也就自然終結了！台灣過去數十年來爭破頭的大學聯考，實緣自於「黃金屋、顏如玉」這個錯誤教條。

筆者這一代都是從聯考這一關闖出來的。記得在大學畢業時，筆者拿了一本「冊頁」，請師長贈言，以為日後工作之勉。其中有兩位師長的話，讓筆者銘記至今而不忘（不需翻冊頁也記得）。一位是胡秉正教授題的：「人情事故不悉，便是讀書不透！」，另一位白瑜教授題的：「學的小成，已是域中翹楚；胸懷大志，方為天下英才！」這是多麼含有深意和鼓舞的話。

筆者自政大畢業至今已四十寒暑。大學畢業生也不下好幾十萬。別的不說，能夠真正懂得人情事故的人，又有幾個？所謂人情事故，也就是西洋人所說的Common Sense。它是一門很玄的課，但也是一很易了解的課。因為不可能在書本上學到它，只能從觸類旁通中理解它。也就是說，只可意會，不可言傳！對一個死讀書的人而言，他沒有辦法從書中得到訣竅！對一個讀死書的人而言，更不可能窺其堂奧了！不幸的是，國內的大學不知「培養」了多少死讀書和讀死書的人；更不幸的是，國內的政府部門也不知道養了多少這種人！政令不能推行，或泥於條規而不知靈活解讀法規，才會造成今日政令無法有效執行的無解死局！這也是國內樣樣奉行考試而帶來的惡果！

大學四年順利畢業，它能給畢業生帶來甚麼呢？是黃金屋嗎？是顏如玉嗎？其實都不是，它能給畢業生終身享用不盡的是，懂得讀書的方法、懂得做人的基本道理。會讀書，自然會從書中觸類旁通，將所學之言，引為己用；懂得做人，日後到了社會工作，自然懂得溝通，而不會有撞滿頭包的阻力。筆者不了解現在擔任大學教職的師長們，會用甚麼方法去教育下一代，至少在筆者那個年代裡，著重啟蒙學子的師長，是少之又少的英才！

大學聯招的存廢，吵吵鬧鬧近半年之久。今年（民國九十年）可以算是聯考終結年。回首過去五十年，由聯招過關的社會的莘莘學子，他們在學業或事業有成之餘，有沒有想到過「大學四年學了甚麼？」這個輕鬆而又嚴肅的課題？別人的想法和回答，筆者不敢臆測，對筆者而言，四年大學的光陰，讓筆者了解品味和做人的道理，應該是最好的收穫！

薪火相傳

薪火相傳是育的最終目的。父母要把子女教育成人是責任，也是義務。

在古老的保守社會裡，父母對子女的教養，完全充滿了「積穀防飢、養兒防老」的封建觀念，只想回收，沒有付出。這種以自我為中心的教條思維也就代代相傳下去。時至今日，老一代的人，多多少少還存有這種不合時宜的保守自私觀念。於是，代溝也就出現。反抗的思想油然而生。最激烈的反抗莫過於紅衛兵共產思想。他們認為，父母只是因為自我縱慾，才會把他們生下來。因此，他們也不需要給予回報。

西方社會給子女的教育多採開放式，很少有約束。往好的方面去看，培養了獨立自主的下一代；往相反的方向去看，淪落的青少年比比皆是。由於上一代給下一代的教育是自立更生；下一代給再下一代的教育亦復如此，兩代之間的親情非常淡薄。個人主義因而萌芽，而功利主義等於是個人主義的延伸。

父母給子女的教育方式很多，因人、因時、因地而異。不過，萬變不離其宗，愛的教育是絕對不可缺少的。一個從溫馨家庭成長的青少年，從做人處世角度來衡量，絕對優於一個從父母失和家庭成長的青少年。當然，也會有異數出現，這只不過是統計數字的兩個極端。中庸的平均數字才是正確統計。

除了父母給子女的教育之外，師長給學子的薪傳，也是十分重要，有時還甚過父母。傳道、授業、解惑之大任，師長占了大部分責任。

由於西風東漸，特別處在資訊爆炸的社會裡，在接觸世界事物也出現了一個嚴重的脫軌問題，這一代人透過網際網路所接收的資訊，往往要比上一代人來得深來得廣，薪火相傳也出現了缺口，因為在高科技電腦資訊運用上，這一代都優於上一代。如何用科技來溝通，彼此講共同的科技語言應該是二十一世紀教育所面臨的問題。

地球村已經形成。鄰居的交往或者是彼此觀摩，已由相鄰而延伸到國界。換言之，在地球上存之已久東西方文化的隔閡，也就沒有不能溝通的困擾。於是，薪傳也有了新的詮釋。相互借鏡，也變成重要的一環。屬於保守互不相往來的守舊方式也在淘汰之列。

薪火相傳是人類文明延續的因素。它可以由家族推廣到宗族，再由宗族延伸到民族以至全人類。如果每一個家庭的成員，都承擔傳與承的角色，那麼，育的目的也就達到了！

第六章　樂之篇

亞洲東方夜快車首次通車（新加坡——曼谷）作者夫婦應邀參加，服裝要求至為嚴格，晚餐一定要穿禮服。

給小費的藝術

小費(TIPS)開始於美國社會，現在已風行全球。連倡行不要小費的共產國家，也早已改變「官式看法」，很多事情，非小費莫辦。記得在大學時代看一部名叫《上校與我》(Colonel and Me)的電影，由好萊塢笑匠丹尼凱主演，最後他利用小費過關而說出了一句合乎資本主義社會的話：「小費，是國際通行的護照！」

目前在台灣，小費十分流行。雖然有加百分之十的服務費，但是，服務人員在結帳時，仍用期望的眼光，希望顧客會「高抬貴手」，再付出多一點小費。如果做主人沒有體會他們的眼神或相應不理，服務人員會公開問主人要。若是主人反問：「不是已付過百分之十的服務費了嗎？」，服務人員會理直氣壯回應說：「那百分之十的服務費給老闆拿了，不是給我們的！」

到國外，特別是美國，真是非小費莫辦事。譬如說，到一家夜總會去看表演，即使已先買了入場券，但座位的好壞，完全取決於領班的分配和帶路。這個緊要當口，如果小費給得不對，或者是根本沒有給，那麼，只好坐到遙遠的角落觀賞。領班的眼睛有如鷹一般的銳利，而他的手指對鈔票數目的多寡，也十分敏感。給小費的藝術，就在與領班握手之間，完全展現出來。懂得給的人，自然有好的位置；阿摩寧的人，只有一面看，一面生悶氣的份！

常常聽朋友說，到國外旅行，常有行李不見或不能隨機而到的尷尬事，這也許和Check-in時沒有好好照顧行李送貨員有關。筆者當年隨張建邦先生擔任少棒秘書時，就是因為小費給得恰當，所有國手的行李都隨機到達。到了威廉波特的第二天，還看到一些其他隊伍的隊員因缺少行李而抓狂。出門旅行，絕對不能不注意小費這一個環節，試想，隨身行李不能到，是一件多掃興的事！

給小費是一種藝術，收小費的人的水準，也是參差不齊。有一次到倫敦開會，因飛機誤點延誤到達時間，等到登記完畢，已是凌晨兩點。由於時間倉促，而忘記換小面額英鎊，等到服務員把行李送進房間，才發現口袋的現金不足，只好把所有的零錢給服務員，並對他表示歉意。若是換了一些沒有修養的人，一定會白眼相對或回上幾句不應該說的話。但是那位服務人員，卻和顏悅色地說：「Try me,Sir!」，然後很愉快地把小費放進口袋，說一聲晚安而退出！碰到這位有修養的服務人員，班機誤點的悶氣，也就消了一大半！

出外從事商務旅遊的人，一定要了解一點，很多服務行業的人，是靠小費而過活的。柯林頓總統夫人在紐約餐廳吃飯因給的小費不足，事後還成為花邊新聞而受媒體消遣。不要小看幾塊錢或數十塊錢的小費，在出手之間，往往把一個人的品味完全暴露出來了！

玩的藝術

玩這個字雖然很容易解讀，但懂得玩的人又有幾許呢？相信不會太多。就以打高爾夫球為例，世界上的高爾夫球人口何止千萬，但真正能打出十八洞低於百桿的人，只占打高爾夫球總人口數的百分之三。（註：是指一旦進入百桿之內，不再回到百桿以上，即使是一、兩次，也不算。）數字顯示，打高爾夫球很容易，但要到某一定程度，就很難了！同樣的，玩很容易，但要玩得有品味，似乎不是一件容易的事！

在日常生活中，常聽到一些朋友遠遊歸來的掃興話。查其原因，不外是玩得不愉快。玩得不愉快，除了非人力可抗拒的自然災害發生外，如碰到水、風災及地震等，多數是自己造成的。譬如說，為了要趕搭流行列車，隨著人去找熱門景點旅遊，以示懂得玩的時尚。可是，為了時尚的景點而忘了本身的條件，如健康、飲食起居、習慣能否適應等，等到隨團上路之後才發現根本不應趕搭時尚列車時，不是已經太晚了嗎？旅遊歸來，除了抱怨連連之外，沒有一點快樂的回憶，可以說是得不償失！

遊山玩水是一種很風雅的活動。特別是從事商務旅遊的人，在人生偷得半日閒之餘，拋開煩惱而到附近名勝參觀或品嘗當地美味佳肴，自是一種享受。不過，不論是參觀名勝或品嘗佳肴，都應遵守「墨菲定律」(Murphy's Law)，一旦踰越這條定律，不愉快的事將接踵而至。「墨菲定律」最重要的一點是，要尊重當地風土民情，千萬不可做出違背上述原則的事情來。在報導裡，常會刊出一些旅客受窘或受罰的新聞，仔細閱讀內容，都是因做了違反當地風俗習慣的事而受責難。試想，旅遊的結果是受到處罰，多麼的掃興！

每當陽明山花季到來，陽明山公園管理處都會勸遊客要做一名「護花使者」而莫做一名「摧花惡客」。記得十多年前聯合報曾登了一則醒目的標題：「陽明山頭春意鬧，賞花莫做摧花人」來提醒大眾。可是，每年花季結束，又有幾株鮮花能隨著時序而自然凋謝？國人賞花因沒有品味，養成隨意攀摘枝頭花朵的壞習慣，等到他們出國賞花時，他們的壞習慣也得到報應。因為在外國公園內摘花踏草，是要受罰的。想想看，到國外公園因「摧花」受罰，是一件多麼不體面的事！

玩是一種藝術。有錢的人不一定懂得玩；深諳玩的藝術的人，不一定是一個富豪。一些財大氣粗的人，在一些有格調的會場裡往往不受別人尊重，主要原因不外是，錢財把他的格調降低了！西洋人常說，找有品味的人很難，想要找有錢而又懂得玩的人更難！又有錢又懂得玩而又能玩出藝術品味的人，真是難之又難了！

欣賞運動比賽

常在報章上看到英國足球迷們到處惹事生非，尤有甚者還跨越國境，到其他國家搗亂而引發流血衝突。國際媒體稱這些人是「足球流氓」(Hooligans)。二〇〇一年歐洲冠軍盃在荷、比兩國舉行時，歐洲足總在賽前就對英國政府提出嚴重警告，如果英廷沒有辦法約束這群流氓，歐洲足總別無選擇，只好把英國剔除在外，永遠不能參加歐洲盃比賽。所幸的是，英國國家隊很能「配合」，提早打道回府。設若英國隊能打入決賽，後果如何，沒有人能預料。

體育競賽本來就是一種活動藝術的表演，演出的人要有好的修養；欣賞的人，更要有修養。沒有修養的人，最好是不要花錢買入場券。因為他們粗暴的情緒，也會影響到周遭觀眾欣賞表演的情緒。研究群眾心理學的人常說，當運動比賽進入到分秒必爭的最後階段，周遭人的情緒也會將緊張帶入高潮，他們的血液在沸騰。稍為的煽動，就極可能引起一發不可收拾的暴亂。

由球賽所引發的暴亂，發生在英國的機會比發生在其他歐美國家的機會來得多。有人說，這是曩昔殖民主義的遺毒所使然。英國人是很紳士的，可是，年輕一代的英國人，卻沒有祖先留下來的氣質。譬如說，看賽馬要衣冠楚楚，現在的英國賽馬，只有在包廂裡的人還留有先人遺風，其餘普羅階級的大眾席，早已是穿著不倫不類的人在人群裡走來走去。要想在賽馬場合裡找到有品味的人，有若椽木求魚。看比賽，衣著整齊是最低的要求，因為穿著也是一種個人修養的表現。沒有修養的人，談不上有品味！

記得一九九八年萊德盃高球洲際比賽在美國舉行的時候，美國觀眾的表演過於「愛國」，英國高球好手蒙哥馬利就深受其苦。比賽結束後，雖然美國隊隊長克倫蕭公開向歐洲隊道歉，但是道歉已於事無補！大體上來講，連續看四天比賽的美國球迷，尚屬風度頗佳之士，少數欠缺修養之人的不當行為，讓比賽留下可議的瑕疵，殊為不值！

記得我國少棒運動正在蓬勃發展的時候，坐在觀眾席上的「大人觀眾」，往往會因主審裁判好球與壞球的判決，而引發騷動。遠在美國的少棒聯盟總部對國內少棒偏離方向的發展，常有微詞。可惜的是，國內各地少棒聯盟並沒有把上述警告當一回事。最後國際少棒聯盟只好使出殺手鐗，強行規定我國的少棒聯盟應符合國際少棒聯盟的組織章程，否則不可出席比賽。我國的少棒發展也就畫上了休止符。對小孩子來說，何其不幸！

欣賞體育比賽，常常會有忘情之舉，自是人之常情。但是，超越規範以外的行為，適足以說明修養不夠和沒有欣賞運動比賽的品味！

老虎與飛人

看老虎伍茲在綠草如茵的高球場上揮桿，看飛人喬丹在吼聲震天的籃球場上閃身過人，飛身上籃得分，都是一種美的享受。他們倆個雖說是天縱英才，但是如果缺少追求發揮極致的品味，即使再是英才，也不會達到登峰造極的最高境界。

飛人喬丹在揚名籃壇時，老虎伍茲還在初中唸書。可是，喬丹也走過了一條漫長的路，才能立足籃壇永垂不朽的地位。喬丹在一九七二年助北卡大學獲得全美大學聯賽之後就進入職業籃球的公牛隊，直到一九八六年才能協助公牛隊奪下首屆職籃大賽冠軍。等到他拿到第三次冠軍之後，他突發奇想，轉身職業棒球，想在美國職棒天地裡，獲得一展長才的機會。不幸的是，他在職棒裡混了兩年，始終不能進入甲級隊伍。於是，他知道一個人的能力有限，只有在自己專長的領域裡發揮，才能保住自己優越的地位。喬丹重回公牛隊老家，再度為公牛奪下三連霸的冠軍，而他也贏得「喬丹大帝」的美譽，以示他在籃壇上的地位無人可以取代。

老虎伍茲在一九九七年中途輟學，參加美國職業高球賽。首次參加名人賽即擊敗群雄，以最年輕的職業選手奪冠。可是，在往後的兩年裡，他卻與大冠無緣。有人說，他拿下名人賽的冠軍只不過是一時僥倖，因為往後的表現，並不能和眾人給他的讚美之詞相稱。也許伍茲了解少年急躁的個性是高球最大的剋星。經過兩年多來的潛沈歷練，現在的伍茲已脫胎換骨，和兩年前判若兩人。人不但變得謙虛，而且抗壓力也愈來愈強。火爆個性幾乎再也看不見，眼神也更內斂，笑容常掛在臉上。

喬丹和伍茲最像的一點是，愈到緊要關頭，愈不會失去自我。喬丹每每在最後幾秒的致命一投而扭轉乾坤；伍茲在最緊要的時刻推桿進洞而反敗為勝。在在都說明了這兩個人都達到了「求勝而不為勝所困；求好而不為好所惑」的最高意境。

在籃壇和高球壇上的好手，多如過江之鯽，可是他們都為勝所困，為好所惑，以致功敗垂成，飲恨而歸。君不見，籃壇鐵漢「郵差馬龍」在籃壇上浪跡十餘年，而至今十指猶虛（指沒有得過職籃大賽總冠軍戒指）。君不見，高球壇上的「大白鯊諾曼」風吹日曬的烙痕，已在他的臉上留下歲月不饒人的警訊，可是他至今仍未一償「綠袍加身」

的宿願（指美國名人賽冠軍的綠色西裝）。他們兩個人都有過很多好的機會，只不過是在緊要關頭讓它平白的消失。

如果能在欣賞老虎和飛人的優異表現之餘，也能體會到「不為勝困，不為好惑」的最高意境且能舉一反三，相信自己也會變成一個有品味的人了！

樂齡：懂得安排退休生活的樂趣

時下一般人士喜歡用「樂齡人士」來形容退休族群。這是一個很切題的形容詞。它和Bowling直譯成保齡球（取其音）有異曲同工之妙。人到退休，最重要不過的是，自取其樂。因為有樂，身體才能保持健康，這不是退休族群所最需要的嗎？

為甚麼會用樂齡來形容退休族群呢？可能是社會轉型有關吧！因為從大家庭制變成小家庭制之後，被分出來的雙親，一旦屆齡退休，特別會感到孤單，諸事想不開。久而久之，這些與老年相關的問題，也一一浮現出來。「樂齡」這個專有名詞也廣為引用，勸老年人也要自找樂趣。

其實，退休是一種自然的規律，沒有任何人可以去改變它。一個有品味的人，當他知道要面對這條自然規律時，他不會去逆向操作，並以達觀的態度來處理退休的事，因此，退休也就不會變成「一生痛苦的結局」。

在西洋社會裡，因為退休制度行之有年，接受退休是轉換另一個人生階段的開始，也就不會有被「社會淘汰出局」的不平衡理念。再者，西洋社會都有一套完整的退休制度，讓退休的人不會產生恐懼感。因為沒有恐懼，才能衍生含飴弄孫的樂趣。以目前台灣社會而言，退休制度還沒有完全落實，因而才有老吾老以及人之老的老年年金政策出現。其實，老年年金也不能讓接受的人享受「樂齡」的快樂。

常常看到一些退而不休的社會義工，他們的精神十分可佩，相較一些放不開名利、追逐延期退休的老人，真是不可相提並論。前者可從工作中找到樂趣，真正做樂齡之人；後者則因強求而終日營營，一點都看不出快樂的樣子，更不用談甚麼品味了！

新加坡也十分重視樂齡人士的福祉。其中有兩點值得參考的是：

首先，最好是能兩代或三代同堂，若環境不許可，上一代與下一代的居住地方，儘可能相近，因為新加坡的組屋分配可以安排。

其次，新加坡政府一再向老百姓灌輸要注意退休生活，以儉養樂；因為有了節儉的好習慣，到了退休時才不會有浪費的空間，生活自然順意，快樂隨之而來。

夕陽，就好像是退休族群的寫照；至於夕陽的景色如何，就要看他們是否持之有道了！

要自尋樂趣不可自尋煩惱

快樂是沒有專利的，任何人都享有快樂權。不過，快樂是要去自己追尋的，它不是天生的賦予。我們常看到笑逐顏開的人，也常看到終日愁眉深鎖的人。查其原因，後者不外是不懂得惜福與享福，因而快樂也隨風而去！

享受快樂是一種學問。不懂得享受快樂的人，即使是權傾天下或者是家財萬貫，對他而言，了無意義。記得在澳洲的時候，適逢一九八七年的「黑色十月」，紐約華爾街股市狂跌，一天之內掉了一千點。當時澳洲首富湯姆斯・艾葛特(Thomas A. Court)，一夜之間家產只值前一天的十分之一。他苦笑對朋友說，上億的股票，變成一堆廢紙。雖然他說財是身外物，但距黑色十月不到二年，他也與世長辭。在股票未跌之前，常在報章和電視上看到他滿臉笑容的樣子，大家都認為他是一個知足常樂之人，沒有想到他也只不過是一個假快樂的人。真快樂和假快樂之間的分際也在於此。對諸事變化能處之泰然是一件說得容易而做起來很難的事。如能克服這個難關，才會有真快樂可言。

一般人常說，勝任愉快。可是，現在這個社會裡，又有幾個人能尊奉這條最淺顯不過的做人道理。為了追求權位而不考慮本身能力是否能勝任的人，比比皆是。看到他們痛苦的表情，就知道他們是位高權大而極不快樂的人。官場如此，商場又何嘗不然？

目前這個社會裡，有品味的父母不多，因而一般青少年從童年開始就沒有享受過快樂的樂趣。有一些父母以為物質的享受可以給小孩帶來快樂；可是，他們忘記父母給予子女的愛，才是他們最需要的真快樂。

微笑可以解除痛苦，也可以帶來快樂；和它相反的苦笑，其結果自然不同。看到笑口常開的菩薩，就想到「能容天下所不能容之事」這句話，諸事能容且往好的方向去想，快樂自然隨之而至。而對諸事要往牛角尖裡去鑽的人而言，快樂自然不會在他們的身上出現。

快樂，是要靠自己去找的。在西洋社會裡，當一對年輕情侶在結婚前，定會向彼此的雙親或教堂的神父或牧師徵詢意見，有品味的父母或神職人員，他們一定會問：「你們以後會感到快樂嗎？」為甚麼要把快樂視為首要？因為他們日後有一段漫長的路要走。當然，有不少事情是事與願違，不能共同走完這條幸福之路。查其主因，不外是覺得相處在一起，彼此都感到不快樂！快樂是多麼的重要！快樂也是多麼不易維持長久！

處在這個瞬息萬變的日子裡，一個人如果不懂得自尋樂趣，那麼，他也就不能算是一個有品味的人了！

從工作中找尋樂趣

工作，是人生經歷最重要的階段之一。既然是必經之路，就要愉快地走完。要從工作中找尋樂趣，而不是從工作中為自己找麻煩。有了麻煩，就不會有工作的快樂可言了！

常碰到一些朋友，他們形容自己一週只有兩天是愉快的，其餘五天都非常痛苦。因為工作給他們帶來了解脫不了的麻煩。說實在的，工作都是有壓力的。即使是自己做老闆，壓力依然存在！排解壓力，才是最重要的生活要訣。

記得在美國求學時，因為獎助學金是靠自己在系裡的工作換取的。工作的性質是利用空餘時間為新聞系的報章印照片（註：不是在暗房沖洗，而是用同步軸心運作複製照片）。辦公室也就設在印刷廠內的一間小辦公室。有時工作會碰到咖啡時間，所有的工作人員，上至經理，下至工讀生，都圍成一圈喝咖啡，彼此有說有笑，沒有看到一絲不愉快的臉色。久而久之，大家也就無所不談了！有一位資深工頭有一天忽然問筆者，為甚麼在筆者之前的幾位東方工讀生，每天總是愁容滿面，你卻是整天有說有笑？筆者回答說：「很簡單，要從工作中找尋樂趣，不是自尋煩惱。你看，你們這一群不是都很快樂嗎？」他聽後拍拍筆者的肩膀，笑著說：「這才是人生應走的路！」

有些人是天生的工作狂，一天到晚忙東忙西，如果要他停止工作，就好像是要了他的命似的；又有一些人，天生懶散，甚麼工作給他，他都會推得一乾二淨，整天不工作最好！以上兩種人都是不了解從工作中尋求樂趣的真諦。不要以為有工作狂熱就是一件好事。因為一己之狂，會讓許許多多人吃不消。持這種工作態度的人，應該不是一個有品味的人！懶散成性的人，也會給別人帶來麻煩。因為別人在無形中就要增加額外工作分量。懶散的人只適合離群獨居，無法參與群體生活！

在工作中可以體驗人生，每一份工作都會有不同的意義，工作機會愈多，接觸面愈廣，視野就會愈加開闊。有些人怕換工作，有些人喜歡換工作。前者是在求安定，後者則是求更多的機會。不論如何，能在自己本位工作中找到快樂才是最重要的。

看到一些人在工作崗位中，不能安分守己，以鬥為樂。其實，這是病態的樂，絕對不是真正的快樂。工作中的鬥爭，都是朝著「損人利己」這條不正常的軌跡演變。不錯，在演變過程可能會得到一些「小利」，但到了最後，還是會走到損人不利己的死胡同裡！試問，這是快樂嗎？

從工作中尋找快樂的終極目標，應是和大家分享尋求快樂的經驗，而不是獨自擁有。因為後者的快樂是屬短暫的！試問，短暫的快樂，是真的快樂嗎？

交朋友的樂趣

交朋友是一種學問，也是一種樂趣。因為一個人可以從交友的過程中，學到不少本身未能體會出來的經驗。也可以從朋友中得到一些自己不易領悟出來的智識。和風趣的朋友在一起，會使得快樂細胞增加，痛苦細胞減少。而有品味的朋友是，絕對不會做落井下石的事的。

有些人不願伸出友誼之手去向他人接觸；同樣的，他也不會接受別人的友誼之手。這類人住在地球村裡是非常痛苦和鬱悶的。因為沒有一個地方可以讓他離群獨居。不願用友誼之手去和別人接觸的人，一定是一個很不快樂的人。

有些人廣交天下朋友，但是，「相識滿天下，知己無一人」往往是他的寫照。雖然說交友不應有所求；不過，朋友相互幫助，應是社會可以接受的規範。朋友一大群，固然很樂，但這種樂只能算是浮華世界中的一種樂趣，對真正的交友樂趣而言，卻了無幫助。

交朋友也會隨著一個人的年齡和閱歷增長而有所不同。學生時代的朋友應屬同窗之誼，彼此沒有甚麼利害關係可言，久而久之，一旦友誼建立之後，它可以說是終身之友。這類朋友不多，但友誼卻是歷久彌堅的。

一旦進入社會之後，朋友也變得複雜起來。有些是業務上的朋友，有些是感情上的朋友，也有些是同事朋友，人際的關係隨著工作變遷或事業開拓而糾纏不清。對涉事未深的人而言，交朋友應該十分慎重。因此，事業上的好朋友就十分重要。若識人不明而誤交損友，那就沒有半點快樂可言了。

以往在農村社會裡，因為交通不便，人與人之間來往的範疇，也只限於村與村之間。朋友的關係，也可以說是鄉誼之情。到了工業時代，交通起了革命性的變化，朋友的領域也隨著交通的拓展而開闊。朋友與朋友碰面之間的樂趣，也會愈來愈多。因為來自四面八方不同的人，可以帶來不同的生活體驗，在在都是彼此相互切磋的話題。交友樂趣由廣變得更深。

現在，人們已進入地球村。E化運動快速成長，交朋友的方式又進入新領域。網上交友變成時尚。對E世代的朋友而言，足不出戶就能交到幾萬里以外的網路朋友，的確是一件刺激又驚喜的新鮮事。而網友俱樂部比比皆是，交朋友的快樂又加了一宗。朋友的定義，可能又會有新解釋了。

橋牌和麻將：眾樂與獨樂

橋牌是西方人訓練團隊合作的方法之一，而麻將則是東方人，特別是中國人，單打獨鬥，表現個人英雄主義的不二法門。橋牌有犧牲打，用自己的失分來換取團隊的勝利，而麻將則以「一吃三」為榮。

美國前總統艾森豪生前也是一位橋牌高手。記得歐戰期間，他在帶領百萬大軍反攻歐陸作戰之餘，還不忘情在帳篷內和眾將領打橋牌。他有一付黑桃小滿貫的叫法和打法，一直傳誦至今，且列入牌藝界的經典之作。艾帥在浴血奮戰之餘，仍能靜下心來打橋牌，且迭有佳作，其過人之處，實非其他將領所能項背。二次大戰產生了不少名將，但也只有一位將軍總統——艾帥在歐戰期間，運籌帷幄，協調處理盟國將領之間的歧見，與其精於橋藝不無關連。能夠從各種情報中摘其精準而迅速作出最佳決定，是橋牌致勝的不二法門。君不見，在工作的領域中，不也是一樣嗎？

麻將，則是表現個人「才華」的最佳方法。因為一個人對付三個人不是一件簡單的事，它不是光靠運氣就能定輸贏的。常聽某君說，張三的手氣太好了，場場麻將都給他贏去，其實，抱怨的人只知其一，不知其二。手氣和牌藝是密不可分的。一個麻將高手，他一定會因勢利導；否則，也不能列入高手之林。

一個有品味的橋手，即使他的橋藝不甚精湛，他也懂得用「橋」來溝通的樂趣。常常看到一些打橋牌的人，他們往往是只顧自己而不顧夥伴，只會檢討夥伴而不會自我反省，這等人也就不會領悟眾樂的真正興趣了。

從橋牌和麻將，想起中國大陸兩位頭子：一是鄧小平，一是毛澤東。前者是橋牌高手，而後者則精於麻將。兩人在行事做法上，表現得就完全不一樣。前者長於協調，後者則以專橫為樂。彼等對歷史的功過，也就顯得完全不同了！

西方人注重人際關係，人與人要接觸、要溝通。透過上述方式解決問題，才會享受到群策群力的快樂。這多少與橋牌的基本教義有關。舉一個最明顯例子，湖人新王朝能夠在禪師傑克遜執掌兵符兩月後就建立起來，完全歸功於他能讓兩大天王球星奧尼爾和布萊恩化解彼此的瑜亮情節，由個人單打獨鬥的英雄式表現，從而提升到聯手克敵制勝的團隊合作。奧尼爾和布萊恩分別在籃壇上享譽多年，但都只能獲得個人表演的掌聲，只能算是小有成就。等到登上職籃總冠軍的王座，才可以說是大成！

眾樂與獨樂的最大不同是，前者是團體勝利的歡呼，後者只能獲得個人表演的掌聲，其間的分野，十分明顯！

群體生活的樂趣

一個人不能離群索居，他一定要有群體生活，有了群體生活，才能體驗出它的樂趣。

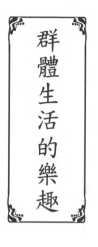

有人說，人是孤獨的，一個人來，一個人走。這只能說出了因和果。但從因到果之間的一大段時間裏，你不可能永遠我行我素，不顧別人。既然不能做到這一點，又何不與群體打成一片，尋求其間的樂趣。

群體生活應始於小學時代的集體遠足。遠足，可以讓同學與同學之間了解到群體活動的可愛。遠足的階段過去之後，就是高中時代的露營。它給年輕人的啟示是，彼此要相互合作，才能有住、有吃和有喝。最簡單不過的是，大家一起搭帳篷。搭帳篷時的有說有笑時光，可以讓人一輩子都不會忘記。大學畢業的畢業旅行，是學生時代群體生活最後一次經歷，因為畢業之後，各奔東西，也許不會再有同窗好友一起去旅行的快樂日子了。

在學校時代所過的群體生活，是為培養日後與人相處的基本課程。群體生活雖有樂趣，但群體生活也應有其規範。其中最重要的是，守時和彼此照應。其實說起來，這都屬做人的基本道理，但能從實踐中領悟出來，它的好處是終身享用不盡的。

從學校進入社會之後，群體生活的範圍又變得更遼闊了。小事如彼此切磋，到大事如集體創作，都需要有「群體」這個重要概念，沒有群體工作概念的人，也是一個不快樂的人。

人要能隨時修正自己以適應各種不同群體生活的環境。譬如說，目前最流行是隨旅行團集體出國旅遊，若以遊程十五天計算，這十五天快樂與否，就要看個人與團體的配合程度而定。集體旅遊最重要莫過於守時，沒有守時習慣的人，最好不要參加這種集體活動。因為到頭來不但沒有享受到旅遊的快樂，反而因一己之失而耽誤全體，其後遭團體白眼，又何有快樂可言。

筆者在澳洲居住時，因為是獨門獨院，每戶都有前後花園，而且園內必有青草和花朵。戶與戶之間，幾乎沒有藩籬可言。青草相連，煞是好看。由於青草長的速度很快，若是兩週過後還不去剪掉，它的長度就會很難看。拿它來和每週剪草的鄰居相比，自己也覺得汗顏，這是一種不同的群體生活。如果要想過快樂的日子，就得適應環境，對有志於國外移民而又喜歡有獨門獨院的本國人士來說，一定要牢記群體是日常生活不可分割的一部分。否則，日子過得不快樂，也就失去異鄉圓夢的意義了。

西洋人常說，如果你不能去改變環境，你就要去適應它。何不去試一試群體生活的樂趣。

你是一個快樂的人嗎？

外國人常用快樂來成為談話的引子。當答話人的回覆語是肯定的話，那麼談話的素材也隨著快樂的氣氛而增加；如果回答是否定的話，那表示沒有甚麼可談的了。

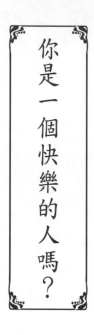

的確，快樂是生命延續的重要因素之一。一個厭世的人，絕對不會快樂；快樂的人，也絕不會有輕生的念頭。因為在一個快樂人的想法裡，生活種種都是美好和快樂的，珍惜都唯恐不及，又何言拋棄？

終日愁眉苦臉的人，絕對不會快樂。因為他所接觸到的諸事、諸物，就先認定是不好的、不美的。快樂自然就被拒於他的生活圈子之外。有些人表面上是快樂，其實內心裡一點都不快樂。因為言談和眉宇之間，都表露出情緒的不安；試想，他會快樂嗎？物慾太高的人，永遠得不到快樂；往牛角尖裡鑽的人，即使常有笑容，也不見得是十分快樂。

快樂是沒有專利可言的。有錢、有勢的人可以享受快樂，一般普羅大眾又何嘗不能擁抱快樂呢？快樂是隨處都有的，重要的是，看你會不會去找它，看你會不會去珍惜它！找尋快樂固然重要，珍惜快樂更為重要！所謂珍惜快樂，就是要尊重自己，也要尊重他人，不能體會出「尊重」這兩個字涵義的人，自然也就不會有快樂可言了。

快樂對一個人很重要，因為個人的快樂可以影響到整個家庭，從而推廣，由族群到社會，甚至整個民族。在一個安和樂利的社會裡，老百姓的痛苦指數都非常的低；老百姓的痛苦指數愈高，社會不穩定的情緒愈顯著。它好像是一個活火山，隨時可以爆發而引發成大災難。

人們常看到北愛爾蘭宗教衝突的新聞，以阿種族糾紛的新聞等，其動盪不安的局勢已長達半個世紀之久。試想，在風聲鶴唳下成長的人，那裡有快樂可言，這也是糾紛無解的原因所在。沒有快樂的人，自然沒有理性可言，也沒有忍耐性可言。星火燎原的悲劇，也就常在上述地區出現。

阿根廷原是一個桃源之國，阿根廷人也是一個樂天知命的快樂民族。然而，經年累月的經濟沉疴，把老百姓的快樂腐蝕殆盡。沒有快樂，自然沒有希望。於是，社會的動亂也因之而起。再看看鄰近的菲律賓，不也是一樣嗎？當政客們把老百姓的快樂權利沒收之後，接踵而至的自然是社會脫序。無辜大眾也平白付出了不該付的代價。

不要輕看「你快樂嗎？」這短短四個字的問話，其間蘊藏了多麼深的含義，因為沒有快樂，其他一切都不用談了！

笑容：快樂的表徵

快樂和笑容是不可分的。沒有快樂的人，那裡會有笑容？即使有，只不過是一絲苦笑或悽然一笑而已。在一個快樂的人身上，那種「笑」是絕對不會出現的。

笑容，它是快樂的表徵，也是快樂的人生的詮釋。懂得笑的人，一定是一個心胸開闊的人，因為他會覺得快樂是無所不在的。一個人如果能把笑容常掛在臉上，煩惱自然會遠離而去。

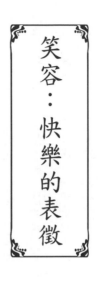

笑容是自然的，而不是偽裝的。前者發自內心，後者則來自臉的表面；自然的笑容會把人和人之間的距離拉近，而偽善的笑容則會讓別人的「防疫系統」自然發出警訊，及早提出防禦。

看過《真善美》這部電影的讀者，一定會對女主角茱麗•安德魯絲的和藹笑容，留下深刻印象。她的一顰一笑，就會把人與人之間的代溝和隔閡，化解於無形之中。也許有人說，她是電影女明星，她的笑，都是演出來的。有這種想法的人，只知其一而不知其二。茱麗・安德魯絲從影二十餘年，她從來沒有扮演過讓人恨之入骨的角色。為甚麼？因為她不會演壞人。她在電影裡面的笑，和她日常生活裡的笑，並無二致。好萊塢另外兩位影后費雯麗和比提・戴維絲，雖然都會笑，但是她們的笑，就缺乏一種純真的美，費雯麗的笑，常帶有點鬼靈精的味道；而比提・戴維絲的笑，總是讓人感到有笑裡藏刀的意味。

讀者諸君如果看過笑佛的話，不知有沒有注意到笑佛身邊的一付對聯：「大肚能容，容天下所不能容之事；笑口常開，笑天下均是可笑之人。」意思是說，能容，才不會自尋煩惱；而能笑，才能把諸事看淡。「笑」和「容」放在一起，是最佳的搭配。

一個有品味的人，也是最了解笑容重要性的人。他和一般常人不一樣，不可否認，喜、怒、哀、樂是構成人性的四個元素。每一個人都會碰到它，也是不可或缺的。但如何去處理它，就要看一個人的修養了。「喜而不狂、怒而不暴、哀而不張、樂而不弛」應該是一個有品味的人處理四元素所秉持的原則，不過，對常人而言，就很難辦到了。

處在這個多元化而又具爆炸性的時代裡，笑容對一個人而言，它是一個最重要不過的因子了。因為一個人的笑容，可以給周邊的人帶來無法形容的影響力。譬如說，一個家庭，如果每一個成員都有笑容，這個家庭一定是充滿活力的，推而廣之到社會上，整個社會也會變得充滿動力了。

笑容是解憂的法寶。對一個常有笑容的人而言，沒有甚麼難題可以把他難倒的，讀者諸君，希望你們要常帶笑容，諸事也就迎刃而解了。

第七章　趣之篇

衣著的自然搭配，合乎品味的要求

趣味的解讀

趣味說起來很抽象，其實也不盡然。在日常生活中，到處都有趣味。譬如說，它和事加起來，就變成趣味的事，講到趣味的事，那就有如天馬行空，說之不盡了！

有時看到報紙，往往會知道一些妙文趣事，它讓人情味的新聞增加不少可讀性。生活在一個資訊爆炸的社會裡，每一個人的腦神經都繃得緊緊的，其間新發生的事，又都是那麼沉重，壓得連氣都喘不過來。人情趣味的報導，就是唯一可以紓解壓力的讀物。

美國哥倫比亞廣播公司的電視新聞，在當家主播華特・克朗凱(Walter Cronkite)坐鎮時，其收視率領先群倫達二十年之久。克朗凱主播新聞時，總是一條讓人聽了、看了之後，都有會心一笑的感覺。尤其是在六〇年代越戰方殷之時，每天從火線上送回來的新聞，都是血腥味濃辣的報導，如果沒有讓人莞爾一笑的新聞殿後，實在讓人倒盡晚飯的胃口。克朗凱曾幽默的說：「如果沒有讓人發自內心微笑的新聞壓軸，美國胃藥就會銷路大增了！」由此可見，趣味性的新聞，是多麼的重要！

一個有趣的人，永遠是受人歡迎的。和他在一起，有如沐春風之感。有趣的人，也應該是一個有品味的人。在他的談吐裡，永遠是那麼幽默和語不傷人。會講話的人很多，但懂得妙語如珠技巧的人，卻不多見。美國雷根總統是一個懂得幽默的人，因而他也贏得「最好的傳達者」(The Best Communicator)的聲譽。一個好的政治家，要懂得傳達的技巧，把自己的政策，很技巧地傳達給選民，從而讓他們心悅誠服地接受。柯林頓總統雖然緋聞不斷，但仍然做了兩任總統。拿他和道貌岸然的卡特總統相比，以道德標準而言，自然要輸給卡特多多。不過，柯林頓辯才無礙，卻非卡特所能項背。柯林頓贏在幽默和風趣，卡特輸在一付「聖人的臉」，因而一個能做兩任，一個卻一任而終。風趣，在美國式的民主政治範疇裡，往往是判斷輸贏的唯一檢驗標準。這也是一個不得不接受的殘酷事實。

趣味和八卦不一樣。時下一些媒體，動不動就祭出「八卦大纛」，以期能達到推銷的目的。但是，八卦卻像一陣旋風，來得快，去也快。趣味卻像和風一樣，永遠是那麼受人歡迎。它就好像是一本百讀不厭的書，讓人永雋難忘！

情趣

常常聽人說，那個人一點情趣都沒有，和他在一起，真是無聊透了！情趣到底是甚麼？相信沒有一個人能夠給它下一個正確的定義！因為它非常的玄，有時可以一觸即到，有時卻百思不解。

情趣，可以分好幾個層次來解釋。

花前月下的情趣，應該屬於男女浪漫情懷的最寶貴時光，雙方都會珍惜，但若有一方不懂情趣，譬如說，講一些不得體的話，或者是一些小動作，在在都會影響對方的情緒。情緒不穩，也就了無情趣了！

記得有一位同事，她是十分講情趣的。有一次，她交了一個男朋友，從外表看，屬英俊小生型，大夥們都希望她們好事早成。但過了不久，這位女同事又變成「小姑獨處」。幾經查詢，才發現她的英俊型男友是一個庸俗不堪的人。她對眾家好友說，有一個月明夜晚，他們在花園散步，誰知道這位男友形容浪漫的月夜會讓他想起「禿子尿坑」這首毫無情趣的歌！她一氣之下，只好把他列為「拒絕往來戶」了！這個事實，說明了花前月下情趣的重要！

看過《麥迪遜之橋》〈The Bridge Of Madison County〉這部電影的人，都會感到男女主角所發生的瞬間即逝的情感而為之悵然！的確，在人生的路程上，悵然的故事很多；但是，讀者不妨回頭想想，如果沒有相互溝通的情趣，那會有悵然的事發生呢？有時，悵然也是情趣的一種，只不過是它的結局讓人低首徘徊不已！

相思，也可以說是一種情趣！胡適有一首描寫相思的小詩：「也想不相思，可免相思苦；幾次細思量，情願相思苦！」

也許有人會覺得，相思只侷限在男女之情這方面；其實，它不盡然！孝思也是一種相思；故國之思更是一種相思！相思的情趣不一定會在每一個人的身上發生。但是涉獵多、見聞廣的人，它會覺得相思也是情趣的一種。為什麼？因為世間上很多奇妙的事情，也許只會在一個人的生命中發生過一次。對這種僅有一次的事情寄之以相思，不是很有情趣嗎？

生活在十九世紀的人，也許會比生活在廿世紀的人懂得情趣；年紀大的人，會比年輕的人了解情趣的重要。那麼，生活在資訊爆炸的廿一世紀E世代的人，是不是所有的事情都了無情趣呢？因為電腦可以為他們解決一切問題，人與人接觸的機會少了之後，情趣的事情就不太可能發生了！其實，這個問題是沒有答案的。它只有在E世代的人走過一個世代之後，才能知道甚麼是他們所追求的情趣！

回憶的樂趣

有人說，沒有回憶的人，日子是白過了！的確，人不能老是沉緬在回憶裡，但是也不能一點回憶都沒有！不管它是酸、甜、苦、辣，至少它是在一個人的腦子裡劃上了一條又一條的烙紋，讓人在觸動中樞神經時，一幕又一幕再重現出來！

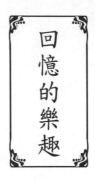

回憶隨著年歲的增長而增加。少不更事的回憶，會讓一個人感到好笑或憤怒，因為很多無辜的事情原本就可以避免發生的。浪漫的回憶，自然是甜和苦。美好的結局，讓天下所有的有情人終成眷屬。不過，咫尺天涯不能見其一面的回憶，永遠是那麼悵然！胡適曾寫過一幅短句：「山風吹亂了窗外的松痕，吹不散心頭的影子！」這個影子是誰？除了胡適本人之外，誰也不會知道！但這種回憶，也應該是刻骨銘心之愛了！

回憶如果是美的事情，最好是留在回憶裡，不要讓它二度重現！因為當它再度重現時，由於時空的轉換，而變得面目全非，豈不是大煞風景！記得年輕時看《塔裡的女人》這本小說，男主角羅聖提因礙於舊禮教的約束，而不敢和女主角（已忘其名）雙宿雙飛。故事的結尾是多年之後，羅聖提在幾經千辛萬苦之下，終於到了西藏找到了女主角想重拾舊愛，可是，女主角已經不是他回憶中的人了！羅聖提的美好回憶也就因而破碎！很多悃然的事，應該留在「相見不如想念」的境界裡，才能體會出回憶的樂趣及真諦！

在希臘的神話裡，有一條遺忘河LETHE。它是在冥府內，當人死亡而進入冥府時，必須經過遺忘河並飲其水，使其忘記過去！回憶是一個人專利，沒有一個人能把它剝奪，即使冥府之神也只能藉用遺忘河的水來消除回憶！

看過《玻璃絲襪》(Silk Stockings)這部電影的人，相信都記著一幕雋永難忘的畫面和對話。女主角雪特・查瑞絲(Cyd Charisse)被迫回到莫斯科，男主角弗萊特・亞斯提爾(Fred Astaire)從巴黎寄了一封信給她，當她收到信時，與高采烈，不讓別人看信的內容，要一個人獨享情人信札；可是，不到卅秒，她把信公開給大夥兒，原來信的內容全部被黑墨刪塗。女主角顯得一臉悃然和無奈的神色，她的朋友對她說了一句沁人肺腑的話：「他們能夠把字刪除，但他們不能刪去妳的美好回憶！」

的確，回憶是一件有趣的事，回憶的笑容，可以鼓舞一個人的士氣；回憶的苦澀，可以讓一個人自省，從錯誤中得到教訓。讀者諸君，你能沒有回憶嗎？

往日情懷

聽過「往日情懷」(The Way We Were)這首由芭芭拉・史翠珊(Barbra Streisand)所唱的抒情名曲，多少會為她那低沉而帶磁性的歌喉所吸引，不知不覺間為歌詞而陶醉在往日情懷中。

「往日情懷」這首歌有很多人唱過。但筆者最喜歡的還是一代歌王平克羅斯貝(Bing Crosby)、六〇年代走紅的男歌星安迪・威廉斯(Andy Williams)以及「瘦皮猴」法蘭克・辛那屈拉(Frank Sinatra)這三個人所演唱的曲子。平克羅斯貝的聲音深沉有力，每一個音符都會像錘子，敲動聽眾的心房。安迪・威廉斯低沉而沙啞的聲音，有若來自蒼穹，吸引住聽眾，讓他無法抗拒，只好隨著音符而去。法蘭克・辛那屈拉的歌喉卻和上述兩者迥異，他的歌音好像是天使在向聽眾呼喚，指引著人往康莊大道上走。同是一首「往日情懷」的曲子，由不同人唱出不同的情感，的確是一件很有趣的事。

了解「往日情懷」歌詞原意的人，應該都體認到，人是不可能走進時光隧道而重過以前的日子，應該諸事往前看。好萊塢紅星梅爾·吉伯遜(Mel Gibson)在年輕的時候曾主演過一部名叫《Forever Young》（今生有約）的電影。他因為疾病而失去記憶，等到他恢復記憶再回到以前的地方時，他發現已是人事全非。因為他恢復記憶已是一甲子之後的事了！滄海桑田，難怪老家的人都把他視同陌路。戲的主要意旨是，即使你能追回時光，但其他的人也不可能和你一樣，重回往日的日子！豈非一切徒然？

一個有品味的人，他是會珍惜過去，但他絕對不會因緬懷過去而懷憂喪志！常常看到一些意志薄弱的人，因為一時不順意就自暴自棄；也看過一些人在順境時意氣風發，可是一碰到逆境，就愁容滿面；還有一些人講到過去的得意情況，就口沫橫飛，但絕口不談現在，更何況未來？上述三類人都應該算是沒有品味的人。他們只會炫耀過去，而不是用過去以惕勵未來！

記得有一個故事。有一次，一個英國將領和一位美國將領在一次沙盤演習中，互別苗頭，雙方各出奇招以求克制對手。演習完畢，裁判宣布美國將領獲勝。英國將領悻悻然；心不甘，情不願去問對手，是用甚麼方法把他打敗的？美國將領回答得很玄：「我是用你的過去，打敗你的現在！」這真是一針見血之論！

一個人的一生，就好像是活在一個戰場上，一次戰役又一次戰役。不能被「往日情懷」所傷，只能為「往日情懷」而活！

嗜好

張潮在他的名著《幽夢影》中，有一句挺有意思的話：「人不可無嗜好！」很多人都曲解了「嗜好」這個名詞，以為「嗜好」都是不好的，不應該有的，即使有了「嗜好」，也要戒除！他們真是泥古不化，沒有品味極了！

從品味的觀點來看，嗜好都應該是美好的一面。譬如說，某某人稱讚某某人有彈琴的嗜好。下棋也是一種自我修養的嗜好。江邊垂釣又何嘗不然？

一個人在人生過程中，都會經歷過各種不同的接觸。有些是正面的，有些是反面的。對一般人而言，他們都會有對嗜好篩選的能力。換言之，對壞嗜好有一種預防性的免疫系統。少年的時候，有父母老師從旁協助，對意志不堅的人，會發生一定的啟發作用。隨著年歲的增長，自身的見識和學養，也有它的「排惡」功效。在一個社會裡，如果有好嗜好的人多過有壞嗜好的人，那麼它一定是一個昇平和安樂的社會。當人們處在一個暴戾的社會裡，不但好品味的人不多，嗜殺的嗜好反而充斥人間。

有共同嗜好的人，往往都會聚集在一起。喜歡吟詩的人，有詩社的組織。橋社提供給喜愛橋牌的朋友們一起切磋橋藝的好去處。遊山玩水也讓有志一同的人結伴玩遍世界各地。好品味的人，雖然他們的嗜好不一，但是他們都有一個共同點，在紛擾的社會裡，一定要找到一個好的嗜好，以消磨時光。一個人本身雖然沒有能力去改變整個大環境，但也不能被大環境所吞噬。最好的方法就是要有好嗜好！

由於醫療技術進步，人的生命也隨著科技而延長。當年張群先生說過：「人生七十才開始」。於是，引發不少爭議。因為中國人自古以來都信奉「人生七十古來稀」這條似是而非的「定律」。又何來人生七十才開始之有？可是，現在的社會裡，不是到處充滿七十歲的樂齡人士嗎？

張群先生所說七十才開始之義，應該是指人到了退休之後，應該有嗜好，讓嗜好陪伴生命的餘輝。夫妻到了退休之後，總不能天天含飴弄孫，應該培養出夫妻的共同嗜好。若然，這種嗜好是從戀愛時就已開始培養，到了白髮皤皤之齡，自然會相互欣賞，運用自如。如果年過半百之後還沒有共同嗜好的話，應該趕快開始，去找一件雙方都願去做的事。慢慢體會，從而培養出共同嗜好，以迎接七十才開始的時光來臨。

沒有嗜好的人，也是一個沒有趣味的人，因為他不知道從那裡去找到趣味，更遑論品味了！

笑的樂趣

記得白居易的一首詩：「蝸牛角上爭何事？石光火中寄此生；隨富隨貧且歡樂，不開口笑是痴人！」的確，一個人若是不會笑或不懂得開口而笑，那簡直是與痴人無異了！

笑，隨著年齡、環境或事物的不同而有不同！譬如說，天真浪漫的笑，是形容兒童們的純真。兩情相悅的微笑，自然是沐浴在愛河裡的青年男女。羞澀的一笑，是情竇初開少女們的專利。豪情的一笑和悲壯的一笑，雖然都屬英雄人物所有，但是結果卻有不同。前者是勝利，後者則是壯烈成仁。

笑，也是一個人心術正否的最好寫照。誠摯的一笑，表示雙方都胸無城府，以坦蕩開懷之心對人、對事。但是奸詐的一笑，卻要注意它的動機。因為發笑的人總是心懷叵測，計算他人。

看過《真善美》這部電影的人，一定會對女星茱麗・安德魯絲的笑容，留下深刻的印象。因為即使在演戲，她的笑永遠是那麼真摯。連一絲不苟言笑的男主角克里斯多福・普樂瑪(Christopher Plummer)都被他感化。而最刁鑽古怪的幼女，都融入在如沐春風的笑容裡。笑，是有多麼大的感化力。

在中國人的社會裡，笑彌勒佛永遠是化災解難的象徵。因此它永遠是受到眾生的歡迎。因為他能笑口常開，因而也給俗世的人有了一個開導，用笑來回報天下可笑之事，而不是對不合理之事加以惡言相對。因為笑能容物，也讓世人了解有容乃大的道理。遺憾的是，膜拜笑彌勒佛的人多，學會他笑的人少。因此，中華民族也是一個最不懂得笑的民族！

好萊塢一代巨星比提・戴維絲(Betty Davis)是最會扮演各種不同的笑的天后女星。不過，筆者對她千錘百鍊的演技，佩服有加；但是對她在每一部電影裡所演的笑，卻有一種反感，這不是說她演得不好，而是入木三分，把各種陰險狡詐的笑，發揮得淋漓盡致。由於她演計算別人的笑的角色演得太多，因而演不出奧黛麗・赫本(Audrey Hephurn)那種純真的笑容。赫本自然也演不出笑裡藏刀的陰險笑容。

久後重逢的笑應該是最有意義的了！譬如說，相逢一笑泯恩仇，是多麼的灑脫。久別重逢的夫妻相互擁抱的一笑，是多麼的堅貞。若以目前海峽兩岸的人重逢相見的情景，只可以用這首詩來形容，最為切題不過了！

「浮雲一別後，流水五十年；
歡笑情如舊，蕭疏鬢已斑！」

對手之趣

人們常說，英雄都是很寂寞的。因為他們沒有對手，興趣也就索然了。

最近的熱門話題是，為了要讓美國高球名人賽更有看頭，在綠草如茵的高球場上出現更多高潮，因而把奧古斯塔高爾夫球場整個翻修，球道距離加長，球道也變得更狹窄，陷阱如沙坑、長草區及水塘等等，刻意把難度加高，主要目的當然是「對付」老虎伍茲。

美國籃球好手惡漢巴克萊是出了名的大嘴。他對奧古斯塔翻修球道深深不以為然。因而也引發出專門「對付」老虎伍茲的「種族歧視論」。其實，巴克萊不了解頂尖球員的內心感受，因為凡是頂尖人物，都希望有一個勢均力敵的對手，這樣，在立足點平等的比賽規則下，才會有「棋逢對手，將遇良才」的精彩局面出現。巴克萊在籃球輝煌歲月裡，又何嘗不是希望有一個好對手和他比拼。

老虎伍茲曾表示過，他希望每一場比賽都能在勢均力敵下分出勝負，而不希望一路遙遙領先到底。前者比賽高潮迭起，扣人心弦；後者則是一面倒，早在結束前已分出勝負，又何嘗有興趣可言。

球賽如此，選舉又何獨不然？一面倒的選舉沒有人會去注意，因為浪費時間。互有領先，非到最後一張票開出不知結果的選舉，才是最有看頭的選舉。因為人都有好奇心，好奇才能引起興趣。

人在一生的過程中，常會因有對手而引發爭勝負的興趣，也因而帶動潛在的爭勝雄心。不過，為了爭勝而不擇手段，應是公平競爭的大忌，千萬不能觸犯。

當馬其頓古帝國聖君亞歷山大大帝征服埃及，建立橫跨歐、亞、非三洲大帝國時，其勳業之彪炳，實無人可比。也因為前無古人，後無來者的情況出現，才會讓他感到孤單。亞歷山大大帝常說，為甚麼世上沒有第二個亞歷山大出現，能和他逐鹿天下，一決雌雄？他的豪放氣魄，實非三國周瑜所能比擬。「既生瑜，何生亮」是何等的自怨自艾！周瑜不因有強勁對手而歡，反而以此而怨，最後終於含恨以終！

不要因為有對手而怯場。對手是給自己抗壓磨練的最好機會。因為能抗壓，才能產生求勝的本能；人若不能抗壓，最多只能贏得戰役，最後終於輸去戰爭。

在動盪時代裡，容易出現百戰百勝的英雄人物，到了昇平時代，運動員變成戰場英雄的化身，任何一場體育競賽，有實力相同的選手同場比賽，才能產生吸引人的興趣。不到最後關頭分不出勝負，應該是「對手之趣」的最佳詮釋了。

朝前看之趣

人要往前看的道理大家都懂，但是能夠徹底做到的又有幾人！

朝前看的解釋，隨著年齡不同而有所不同。

孩童時期的朝前看，應是以快樂為本。孩童時期若然沒有快樂，自然引不起朝前看的興趣了，亞洲地區的孩童，在他們的臉上，很少掛有天真無邪的笑容。因為貧困的生活、或者是好幾公斤重的書包，就把他們壓得連氣都透不過來，又何嘗有朝前看的興趣？

青少年時期應該是朝前看的啟蒙期。有多一分朝前看的心，就會有多一分的樂趣。少年朝前看，不應只是指學業而言，生活的倫理教育，應該才是最重要的一環。換言之，下紮鞏固根基，應是最重要的一課，根基不實，往後的日子堪虞！

壯年時期朝前看應是著重在婚姻與事業方面，如若兩者兼顧得體，往後的日子一片坦途。反之則佈滿荊棘。常常看到一些三十出頭的人因機緣巧合而得意，但是得意過頭而忘記規劃前景，以致平白浪費了天賜機緣。機會一去即逝，再也挽不回來。

不要以為人到樂齡階段就不需要朝前看。其實，退休之後的生涯規劃，才是一生中最重要不過的。很多有品味的人，往往都會把握這段寶貴光陰，不讓它虛度。因而有「第二春」的開始。譬如說，經驗傳承，讓下一代分享本身走過的各種歷程。高興也好，失望也罷，它總可以做為後來者的參考。

有一些銀髮族群利用有限的日子，去遊山玩水，實現從前想實現而未能實現的美夢。去做社會義工，也是退休樂齡人士的選擇，他們抱著回饋的心情，去服務大眾。

記得在年輕時，曾聽過好萊塢紅歌星派瑞・高莫(Perry Como)唱過一首「追逐彩虹」的名曲(Chasing the Rainbow)，一個人是應該朝前看，但總不能像歌詞的內容般，永遠去追逐追不到的彩虹。追逐彩虹不是朝前看，而是不切實際的玄想。

朝前看應該是忘掉追逐彩虹而勤耕庭園內的花園。當花園長出遠勝彩虹的繽紛花朵時，朝前看的最終目的不是達到了嗎？

垂釣

能夠領悟「靜中生慧」的人，才能享受垂釣的趣旨。不要小看一根竿、一條絲線和一個小鉤，其中所包含的卻是深邃的做人道理與處世哲學。釣魚的人很多，能夠體會箇中三味的人，卻少之又少。

釣魚的方式很多，有湖邊小釣、有江中垂釣、有海邊長釣，其中最富刺激性的，莫過於在大海汪洋中隻身與大魚搏鬥、比智慧、比耐力，誰能支持到最後一刻，誰就是勝利的主宰人。

從釣魚中可以領略不少謀略。譬如說，姜太公釣魚，願者上鉤。相傳他釣魚不是用鉤，而是用線，當魚咬到線頭上的餌時，姜太公用自創手法，把魚甩了上岸。事後，他還喃喃自語的說：「魚兒、魚兒，不要怨我，這是你自找上門的！」在人生的旅途上，不是常看到這種情況嗎？

羅斯福喜歡釣魚，每當他雙目注視著魚線的顫動時，他就會利用一剎那的機會，做下了重要的決定。影響世局的決定，不也是在剎那之間嗎？

釣魚可以磨練一個人的耐性，很多人都是因為在最後一刻不能多忍耐半刻光陰，以至被魚兒逃脫。釣魚如此，事情的成敗，又何嘗不是繫在半刻光陰之間？特別是在兩軍對決之時，反敗為勝或反勝為敗，就要看主帥的忍字功夫。

不要小看一條魚，它的智慧可不比人差。人要用餌引牠上鉤，牠卻要把餌吃到後全身而退。在那一拉一扯之間，含有無限的玄機。垂釣的人不但要了解自己，更要從屢次被魚兒脫逃經驗中，吸取教訓。會放、會收是釣魚的學問，也應該是做人的道理。

常看到一些人，辛辛苦苦把魚從水中釣起來，但他毫不吝嗇地把魚兒放生回去。持這種態度垂釣的人，應該是很有品味的高人。因為他已經進入收放自如的境界了。釣魚的目的不是在魚，而是在釣的過程中領悟人生的道理，如果釣魚只是著重在魚，那只是小乘，永遠不能突破貪吝的枷鎖。

有人喜歡在楊柳樹下垂釣，垂水的柳葉隨著流水輕拂，若是春天，柳絮在水中流放，那是一種怡情養性的好場所。能從飄流的柳絮中淡出爭強好勝的江湖，何嘗不是一種垂釣的心得。

有一些富有冒險性的人喜歡群體站在驚濤駭浪的岩石邊上釣魚。垂釣的人彼此之間要比技術、比膽識，而且還要和怒濤搏鬥。不過，在這種驚險的場合釣魚，個人的定力和觀察地形的敏銳感，往往比釣魚還來得重要。常常看到一些釣客被海浪捲走的新聞，都足以說明悲劇的發生，多數出自本身設想不周，而非外在的因素所造成！

垂釣也是年歲增長與否和個性堅強與否的最好詮釋。看過亨利方達和凱薩琳赫本主演的電影：《金池塘》（On The Golden Pond），白髮皤皤的一對老夫妻悠閒在湖中漫舟垂釣，從水的漣漪中反映出從璀璨到平靜，是多麼讓人羨慕！《老人與海》的史賓塞卻西(Spancer Tracy)與巨鯊搏鬥，最後是一場空。莫比狄(Moby Dick)裡的葛雷葛萊・畢克(Gregory Peck)與白鯨勢不兩立，最後的下場是何其不幸。這些都是現實人生的寫照。

「白髮漁樵江渚上，慣看秋月春風，一壺濁酒喜相逢，古今多少事，都付笑談中」的垂釣情景應該是有品味的釣客所奉守不渝的圭臬了！

獨家之趣

採訪新聞的記者，都以採到獨家新聞為趣、為榮。不過，從廣義上來講，「獨家」應該不光指新聞，發明也是獨家，個人探險成功也是獨家，至於生活上的細節自我發現，也是獨家的樂趣。在芸芸眾生中，能發現前所未有的讜論，不也是獨家嗎？

從新聞角度來看，其實獨家只不過是某人、某報的一種小成就。新聞從業人員夢寐以求的普立茲新聞獎，就獨缺「獨家獎」；可是每年獲獎的報紙、新聞從業人員，他們對社會甚至世界的貢獻，遠遠超越「獨家獎」了！能夠獲得普立茲獎的人，在他們過去的新聞工作歲月裡，一定會有不少獨家獎的經驗，沒有小勝，那會有大功？

獨家，也是給一個人的考驗，從微細的事物中找到線索，而再去發掘真實的一面，然後再把原來面目公諸於世，這又是獨家的另外一種解釋。

科學家如此，從事人文研究的人，又何獨不然？

一個偉大科學家對世人的貢獻，不一定在於他的發明，而是在於他要有勇氣去揭發主宰人類好幾個世紀之久的謬誤理論！人文的考證也是一樣，從古到今，偽書偽證何其多，如果能夠把它們一一推翻，又是何其的功德。

創造獨家的人，要有冒險犯難的精神，也要有堅持己念的毅力與決心。哥倫布發現新大陸，推翻了地球是方的謬論哲學，為日後世界開創嶄新的局面；牛頓的萬有引力，也為後來的物理學家掀開了新頁，這些都是「獨家之趣」！

獨家不是偶然的。在一個閉塞的社會裡，不可能培養出追逐獨家的人才。因為閉塞，所有的啟智之門都完全關閉了！威權的社會或沒有充分人權自由的社會，也不會有創意的學子出現。創意的人愈少，追求獨家的人自然是相對減少了！在資訊爆炸及全球化的時代裡，沒有創意的人來支撐全局，它肯定會被拋出軌道之外。

一個有品味的人，不論是他贏得何種獨家，他都不會四處炫耀，也不會因一時的偶贏而得意忘形。美國已故的女報人凱薩琳・葛萊姆女士在她的回憶錄中說，她從不以贏得多少次普立茲獎而傲；她引以為榮的是，贏獎之後其對社會所產生的影響，讓執行政策偏差的人去付出代價，以還社會大眾一個公道。這才是享受獨家之趣的最高藝術。

品酒和品茗

品了好酒，自然是一件好事。但是若能從品酒中領悟人生和交到知己，那才算是上乘的品酒。品茗也是一樣。精研茶道的日本人，有一套自成一家的品茗哲學。其精髓之處是，把品茗和品人合而為一。無格低俗之人不能品好茶，雖說有些過分，但精品茗茶喝在俗不可耐的人的口裡，不也是一種浪費嗎？

不論西方社會或東方社會，品酒的道具不可或缺，也絲毫馬虎不得。西方人喝葡萄酒的酒杯，從古到今，都把美和藝術融入在酒杯上，可以說是藝術的結晶。東方人喝酒的道具，同樣重要。精美的燒瓷酒杯，絕對不下於水晶杯子，品酒而不講究酒杯，應該自是酒吧之類的打發時光喝酒，不能列入品酒之林。

品茶，更是重視道具。特別是英國人，他們品茶所用的杯子和附件，更是講究得不得了！燒瓷源自中國，可是，英國人在維多利亞女皇的極盛時代，把品茶的道具塑造成藝術的精品，看到精美的瓷杯和瓷壺，從不喝茶的人，也會為之心動。

東方人品茶的道具，以精緻的小茶壺和茶杯為主。不論是燒瓷或陶瓷，小而美是主要特色。懂喝茶的人，特別備有自成一格的茶壺和茶杯。主人把壺，輪番為客人煮茶和奉茶。禮數周全，也就是把茶道發揮到極致的表現。

西洋人喝茶，歡喜面對花園，品茶和賞景，合而為一。東方人也是一樣，日本人喜歡面對竹子品茗，而中國人則愛與松梅為伍。不論東方人或西方人，他們都應該是有品味的優雅之士。

有人說，「酒逢知己千杯少，話不投機半句多」，這雖屬誇大之詞，但能在品酒場合中交到好友，多喝幾杯，應是很自然的事。如若和俗不可耐的人同檯喝酒，反不如個人舉杯邀明月，來得悠然自在。品茗也是一樣，一杯好茶在手，與知己暢論古今，不是頂有意思嗎？品茗自然也是怕碰到話不投機半句多的人！

品酒和品茶雖然是兩件不相同的事。不過，它們都有一個共同點是，用來考驗一個人是不是有品味的趣味題目。常見一些人是在拼酒而不是在品酒，也有不少人對「品茶」一知半解，因而貽笑大方。

見微知著，一個人是不是有品味，往往就在一舉手、一點頭的剎那間，完全表露出來。不要小看品酒和品茶，其間的學問，實非道理可計算！

識趣

識趣，是一門很大的學問。因為在方寸拿捏之間，就把一個人有品味與否，完全顯露出來！

常聽人說，某某人非常識趣，因為知趣的人，也是識大體的人，識大體很不容易做到，其間牽涉到一個人的見識和修養。一個缺乏內涵的人，很難達到識趣的境界。

識趣的人，不會做出讓別人下不了台的事。因為他了解甚麼時候給對方找下台階。在芸芸眾生中，很多是屬死要面子的人，他們所要的就是下台階，如果沒有下台階，火爆的場面一旦出現，後果不堪設想，人是如此，國與國之間又何獨不然？

識趣的人，自然是一個懂風趣的人！因為風趣可以化解僵硬的場合；有風趣的人在場，一定是滿室春風，絕不會有臉紅脖子粗的場面出現；有風趣的人，一定有不少笑話，讓人聽了莞爾一笑！

一個人在談情說愛的時候，一定要會運用「識趣」和「風趣」的兩面手法。人與人交往，意見相左，在所難免，熱戀中的人，也不能例外。如何讓情人破涕為笑，應是一個談戀愛的男人最基本的常識。

常常看到一些外交官，他們在處理外交危機時，沉著應變，絕不與咆哮的對手同台跳舞。相反的，他們會用風趣的語句打破緊張氣氛，讓生氣的對手有機會下台，而不使談判中斷或破裂。這些都是識趣智慧的高度表現。

碰到不識趣的人也是很傷腦筋的事。常聽到「端茶送客」這句話，端茶的主人對不識趣的客人百般無奈，只好用軟中帶硬的語句請客人走路。有打破沙鍋問到底的習慣的人，也應列入不識趣的行列。因為人與人交往，即使是知交，也有一些不方便「和盤托出」的事，識趣的人，絕對不會問東問西；反倒是不知趣的人，卻會反其道而行，結果是自討沒趣，怨不得別人。

中國人常說，君子之交淡如水，其義即謂彼此之間的交往，應處於識趣的層面上，不能超越臨界點。不然，就不能稱之為君子之交了！不是嗎？

識趣這兩個字看似容易，做起來就不是那麼容易了！

第八章

逸之篇

夫婦衣服色調搭配柔合，更顯得出穿的品味

人要灑脫

灑脫不是人人都可以做到。有些人天生拘謹，自然與灑脫無緣。有些人媚俗，也永遠與灑脫沾不上邊。灑脫和一個人的見識和修養有很大的關係。天生灑脫的人，如果沒有上述兩種因素相輔，那就不成其為灑脫，只能與油腔滑調的人為伍了！

灑脫的人，可以分好幾類。

譬如說，行事灑脫的人，多不會拖泥帶水，事情發生時，處之以靜；事發之後，處之以忘。因為能夠靜，才能靜中生慧，想出解決棘手問題的最佳辦法，能夠以靜處世的人，任何難題都困不住他。等到事情解決之後，立刻會把它淡忘。唯如是，才能顯得灑脫，不涸於「報恩」的意念。猶如《菜根譚》集內所說：「風來疏竹，風過而竹不留聲；雁渡寒潭，雁過而潭不留影。是故，君子事來心始現，事過心隨空。」那是多超塵脫俗！

用錢灑脫的人，並不一定是百萬富豪。財產萬貫的人，如若視錢如命，又何曾灑脫之有！春秋戰國時代的四公子，應該是用錢最灑脫的人。楊朱雖家財億萬，但他只精於理財，因而不入灑脫之列。有人認為，用錢應用在刀口上，這種方式幾近「逢迎」與「收買」，根本不是灑脫之人。只能算是懂得把錢做為結交工具的商賈之流！怎麼樣用錢才算是灑脫呢！應該是上不與富人比拼，下不與吝嗇之人為伍。用錢以仁為本，以義為念，才算是懂得用錢的灑脫之人！

用情也要灑脫，不管是男女之愛或是朋友之情，都應該本著「君子斷交，不出惡言」的準則。常常聽到一些感情破裂的情侶，分別在他人面前訴說對方不是；也常看到交往甚歡的朋友，一旦友誼為利而害，即翻臉如寇仇。這些人都是沒有品味的人，也就談不上灑脫了！

看破紅塵應該不是灑脫，而是求解脫。希望跳出三清界外以避現實。看到很多還俗的人，都是因為俗念纏身，即使出家，也無法灑脫過清靜日子，最後還是重返紅塵。自我解脫的心願都完成不了，又怎能算是灑脫呢？

一個人要灑脫，才能從濁世紅塵中過安定的日子。凡事能看得深，看得遠和看得開，才不會為自己惹上麻煩。醫藥界人士常說，鬱卒過日子的人，常易踏上癌症的地雷。反倒是行事灑脫，常懷寬容之心的人，先天上就有癌症的「免疫系統」。

一個人生下來不一定就會有灑脫的細胞，但若能從見識和修養上下功夫，灑脫自然會隨之而至。日子也就自然好過，而不需整日與鬱卒為伍了！

俊逸不凡

常聽人用「俊逸不凡」來讚美張三或李四。不過，用詞是否名實相符，就有商討的餘地了！

一個人很帥，是不是就是俊逸不凡呢？不一定，因為帥要和修養相配。帥而無修養，只能說是「一身牛氣」，沒有絲毫俊逸之氣在內，更不用說「不凡」了！

一個行事不拘小節之人，或許會給人有一種錯覺，以為他很俊逸；其實，這種人也很容易越軌，稍一不慎，就會犯下大錯，那有甚麼俊逸不凡可言！

有些人長得很俊，一表人才，但是就缺少點英氣，因而落入小白臉型。容易討女孩子歡心，也不算是英挺的人物，且容易與「同志」為伍。

俊是來自天生，逸則是與後天有關。俊逸加在一起，才會給人有不凡的感覺。俊不一定要美，好萊塢「最醜的美男子」亨富利鮑嘉，就是一個典型的例子。他的演技灑脫，入木三分，可以說是俊逸不凡的人物。

在歷史小說裡，《三國演義》中的蜀相諸葛亮，可以說是名符其實的俊逸不凡的代表人物。別的不說，羽扇綸巾的打扮，完全把俊挺不拔的英氣表露無遺。俊逸不凡的另一個特質是，有大無畏的精神，雖千萬人吾往矣的氣概。他隻身赴吳，舌戰群儒，就是最好的說明！

時下一般人好模仿，明明自己不是甚麼，卻偏偏要自己裝扮成甚麼。他們忘了東施效顰的結果，只會給自己帶來煩惱。看到不少男士，喜歡買各式各樣的時裝和自己搭配，因為刊登在各類時裝雜誌內的名模，確有吸引人之處，但並不一定就是俊逸不凡！連名模尚且如此，再去仿名模的話，豈不是自討沒趣！

俊逸不凡是天生與後天揉合而成的特殊「品牌」，它的正字標記是不怕人模仿的。記得新加坡副總理李顯龍在接受訪問時，有記者問他是否有來自其父李光耀的真傳？他回答得很有意思，「資政（註：因其父為內閣資政，故對外稱呼均以資政稱之）是一個很特殊的人物，沒有人能夠去學他，也不需要去學他！」一個俊逸不凡的父親，其子不完全會是和他父親一樣，但最重要的是，不需要去學他！

大家都曉得好萊塢一代巨星詹姆斯・史都華特(James Steward)他的講話語調和語氣別具一格。但是好萊塢在五、六〇年代，出了一個開腔語調和他很像的另一明星史泰林・赫頓(Sterling Hadden)，其人臉型和前者亦有幾分酷像，但是，後者永遠紅不起來，只能遊走於B級片之間。為甚麼?俊逸不凡是模仿不來的!

衣服穿得要飄逸

看過電影《臥虎藏龍》的人，對李慕白（周潤發飾）常穿的一襲灰色長衫，定會留下深刻印象，那是多麼的飄逸。國父孫中山先生也穿長衫，那種智慧如海的氣質，不但從他的雙眼中流露，而且也從長衫中襯托出來。上述兩者的長衫，都不是價值高昂的名牌衣著，但是，卻有襯托氣質的妙用。昂貴的衣服，不一定會給穿者帶來任何飄逸之感！

看到很多趕時髦的婦女，穿必備名牌，而且還喜歡在眾人之前炫耀昂貴的價錢，以為自己的身分也隨之水漲船高。殊不知這類人根本不了解穿衣要講究飄逸的妙訣。高價買來的衣服若不合自己的身分與條件，若在大庭廣眾出現，平白會給人視為「異類」，又何嘗會給自己增加身價？

男人的風衣，也是飄逸的最佳表現。製造風衣最好的國家，首推英國，且以「倫敦霧」(London Fog)廠牌最為有名。在《北非諜影》中，男主角亨富利鮑嘉在蒼茫霧色中，穿著一襲風衣，口角似笑非笑間與女主角英格麗保曼互道珍重，然後和亦正亦邪的老友路易消失在卡薩布蘭加機場的濃霧中，那是多麼的飄逸。假設他穿的不是風衣，相信效果也就不會那麼讓人雋永難忘了！

女人穿旗袍也可以展示出飄逸的特色。約在三〇年代，上海型旗袍風行一時。在那個世代裡，旗袍是名媛閨秀的表徵。因而做旗袍的「上海師傅」們，也要挖空心思，為他們的主顧客縫製與眾不同的旗袍。飄逸型的旗袍也變成時尚。在台灣，旗袍也曾風光過好幾十年。不過，隨著手工師傅紛紛凋零，旗袍也隨之消失在主流衣著的櫥窗裡。雖然改良式的旗袍也出現過一陣子，但它總是不能把旗袍的飄逸特質表現出來，也因而不受人寵愛。至於男士們以前穿的長衫，更是無人問津了！

於是洋裝也自然而然的取代了長衫與旗袍而成為主流。洋裝也有飄逸的特質，但它和長衫旗袍不一樣。因為洋裝需要很多「配件」。譬如說，男士們的西裝，除了西裝本身的衣料之外，還要和襯衫及領帶、領結相配，才能顯示出特別之處；女士們的洋裝，更是講究了！所有的配件，在在都影響到穿衣人的品味。沒有品味的人，即使花更高的價錢去買最時尚的衣服，也顯不出飄逸的特質！只能得到庸與俗的評價而已！

學貫中西的胡適之博士，他生前不論是穿中國長衫或西式西裝，永遠都顯出一付飄逸出塵的樣子；滿腹經綸，在有形或無形間，都從衣服上展露出來！若從品味與時尚這個主題上來看，他是最佳人選了！

從容：逸的另一種表達方式

常聽人用處事從容不迫來稱讚某某人。因為任何十萬火急的事，他都能在不慌不亂的情況下來解決，而且非常圓滿。他的功力，自然獲得肯定。

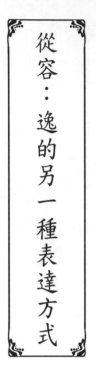

一個從容的人，絕對不會對人怒目相視，也不會誇讚自己而口沫橫飛。做參謀的人要有從容的能耐，因他可提一己之見而為主事者解惑；做領導人更應有從容不迫的修養，因為自己若不能從容應變，又如何能希望部屬去度過難關！

從容若表現在一個人的身上時，大者如從容就義，小者如應試過關，它都和平日修養有關。記得汪精衛在革命初期，因刺殺清廷攝政王不果而遭捕。赴刑場前自吟絕命詩一首以明志：「慷慨歌燕市，從容作楚囚；飲刀成一快，不負少年頭」。其視死如歸的氣魄，連攝政王也為之動容，最後以免死牌而將汪放生。可惜汪精衛晚節不保，以漢奸而終。若攝政王泉下有知，對其不能全之以義的「誤判」，也會深悔莫及。

在目前設有層層考試關卡的社會制度下，若不能從容以對，其名落孫山的機會，遠遠大過榮登金榜的機會。因為應試不能從容，本應答對的試題都會因驚慌而答錯，更遑論要現場分析而找出答案的題目了！

一個人要能從容，才能領悟到逸的真諦，愈是處在科技發達的時代，一個人愈要有從容不迫的修養，因為鍵盤時代不能因緊張而出錯。按錯鍵盤內的一個字，小則整個計畫要從頭開始，大則影響全局，能不慎乎！生在分秒必爭的世代裡，萬事莫如從容不迫來得重要。紓解緊張，生活就要有閒情逸致的旨趣。要有悠閒的生活配合，才會把發條放鬆！於是，休假也變成必要的生活規律。西洋人注重休假，因為它可以紓解壓力；國內自有休假制度以來，很多人均自命為「愛拼才贏」的人，放棄休假而領取不休假獎金。休假的正確宗旨在領獎金熱的慾望下，自然蕩然無存！沒有適時的紓解，那能培養出從容的氣質，更遑論閒情逸致了！

常聽人說，慷慨犧牲易，從容就義難！其實，這也是似是而非的說法。慷慨犧牲與徒逞一時血氣之勇有很大的不同；前者是謀定而後動，後者則是匹夫血氣之勇；前者容易成事，後者卻容易敗事！從容就義就更能顯示出個人飄逸之氣了。雖千萬人吾往矣的氣魄，多麼令人折服！所以說，「慷慨犧牲」與「從容就義」是一物的兩面，所不同的是，表達方式不同而已。但歸根究底而言，一個人的血液裡，若然沒有飄逸之氣支撐，相信是不會扮好勇者不懼的角色的！

寫字

寫字是磨練一個人耐力的最好方法。在科舉時代用人的七要件，寫字列為首要。如果不能展露一筆好字，其他的條件就不用談了！寫字，不但是國人的傳統優良習慣，西洋社會又何嘗不然？用孔雀羽毛寫出來的英文字，可以說是一種藝術。其與一手好毛筆字的書法，有異曲同工之妙！

在中國的傳統社會裡，寫毛筆字是日常生活的一環。即使不要做一個書法家，但字總要寫得中規中矩，如若字不工整，其給人的評價自然隨之降低！

寫字，雖然和一個人的天分有關，但後來的磨練與修養，也是同樣的重要。寫字，也可以表現出一個人的定力。心浮氣躁的人，是絕對寫不出好字的。常在一些筆記小說中，形容老夫子看到學生交出的書法，就能看出學生當時寫字的內心情況。愉快時寫的字和鬱卒時寫的字，完全是不一樣的！老夫子若要「管訓」學生，他不是用籐條，而是罰他們寫字。要從寫字中體認到循規蹈矩的真諦！

一個人若能寫出一手好字，求墨寶之人自然接踵而至。在一個在商言商的社會裡，潤筆費也變成不成文的規定。但書法好的人，也不能視潤筆費而有求必應！因為寫得太多就變成濫了！常看到很多餐飲店，都是掛著同樣一個人的書法，物以稀為貴的價值自然消失！

一個字寫得好的人，其本身的文學修養自屬上乘！文學修養夠的人，不一定能寫得出好字；但是寫一手好字的人，其文學修養絕對不差！因為文學可以給他帶來靈氣，有了靈氣，寫出來的字，自然而然有「生命的活力」了！

曩昔在史博館看到一幅前人寫的一首好詩：「橋畔垂楊下碧溪，君家原在小橋西；來時不似人間世，日暖花開山鳥啼！」看到這首詩，自然而然會從詩中領悟到優美的畫面。於是，這短短的廿八個字，就把一幅田園風景，活生生的呈現在參觀者的眼前。「字」也達到最高意境！

一代宗師溥心畬，也以字、畫稱絕一時。他能寫各種不同的字體，而每種字體，即使是工整的楷書，也能把它的生命力，透過筆墨表達出來。筆者看過溥心畬生前用楷書寫的一幅對聯：「放鶴松陰水際，啼鶯柳外花前！」活生生的一片美景，由工整的楷書展現出來，實在是大師的飄逸傑作。

令人感到遺憾的是，自電腦問世以來，日新月異的科技，不但把優美的中文書法摧毀，同樣的在西方世界裡，再也找不到會用孔雀羽毛寫優美書法的人。難怪整個世界到處都是心浮氣躁的人。想要天下太平，豈非椽木求魚？

生活與勵志

人生品味·品味人生

叢書主編◆周嘉川
作者◆楊本禮
發行人◆王學哲
總編輯◆施嘉明
書系策劃◆方鵬程
主編◆葉幗英
校對者◆許素華

出版發行：臺灣商務印書館股份有限公司
台北市重慶南路一段三十七號
電話：(02)2371-3712
讀者服務專線：0800056196
郵撥：0000165-1
網路書店：www.cptw.com.tw
E-mail：cptw@cptw.com.tw
網址：www.cptw.com.tw

局版北市業字第 993 號
初版一刷：2006 年 5 月
定價：新台幣 300 元

ISBN 957-05-2044-2

人生品味・品味人生 ／ 楊本禮著. -- 初版. --
臺北市 ： 臺灣商務， 2006[民 95]
面 ； 公分. --（生活與勵志）

ISBN 957-05-2044-2(平裝)

1. 生活指導

177.2 95005099

《鹿橋歌未央》

編著　樸月

定價　390元

書系　博雅文庫

鹿橋的《未央歌》是一則歷久不衰的傳奇。從1945年完稿，1959年初版，傳唱至今2005年，仍高踞「最愛小說二十」名單中。

鹿橋是怎樣的一個人，《未央歌》中的人物是真實？是虛構？對大多數讀者而言，始終是個謎。本書將爲您揭開這個謎！

編者樸月，以她與「小童」鹿橋、「伍寶笙」祝宗嶺的密切交往，見證了《未央歌》的人物。爲鹿橋留下最真實的身影。

《探索西遊記與鏡花緣》

作者　周芬伶

定價　250元

書系　博雅文庫

在中國遊記小說中，《西遊記》與《鏡花緣》分別代表明清小說的兩種典型，作者從神話基型批評與精神分析批評分別切入，揭開更有趣深邃的民族集體心理層面，可說具有新穎活潑的創見，雖然是作者年少之作，也略見其潛力與創意，是一本好看的文學論集。

《詩中天地寬》

作者　向明

定價　300元

書系　博雅文庫

本書爲作者涉足詩事數十年來之個人讀書心得，分「詩探索」、「好詩共賞」、「詩題趣談」三部份以成其詩人之私秘觀點，另以「記憶開挖」回顧五〇年代現代詩的輝煌與省思。

向明談詩，要言不煩，簡明精當，常謙沖從容地表達自己的詩觀，讓人不知不覺中與其分享「詩」的美。其論詩用詞輕快活潑，不用艱澀的言語，且都有所本－－有史料，有直觀，隨手拈來皆侃侃而談，獨樹一幟，能見人之所未見，點出詩作的弦外之音。

《細看哈佛》

作者　徐飛

定價　280 元

書系　縱觀天下

美國有一則笑話：一個哈佛畢業的人，總會在見面的最初三分鐘亮出身分……

第一次入境美國時，移民局官員神氣的架勢教人緊張。輪到我，問去哪，剛答哈佛，他原來毫無表情的臉上呼啦就綻放開來，甚至重複一句：“Wow,Harvard!”二話沒問，直以「哈佛生活愉快」，笑臉作結。

作者紀錄了在哈佛當訪問學者期間的點點滴滴，都是關於哈佛精神真實生動的映照；也讓我們感受到存在那個環境氛圍裡的精神。

《北歐之愛》

作者　方鵬程

定價　350 元

書系　縱觀天下

北歐的美麗風光，春夏之際天朗氣清，秋冬之時白雪遍地，尤其是北極圈內，變化萬千。冬季的北極光，像魔幻艷光在漆黑的天空閃耀，夏天的太陽，流連半年不願落去。

藉由人文及景物的結合，道出撰寫者對生命的熱愛。

廣 告 回 信
台灣北區郵政管理局登記證
第 6 5 4 0 號

100臺北市重慶南路一段37號

臺灣商務印書館　收

對摺寄回，謝謝！

傳統現代　並翼而翔

Flying with the wings of tradition and modernity.

讀者回函卡

感謝您對本館的支持，為加強對您的服務，請填妥此卡，免付郵資寄回，可隨時收到本館最新出版訊息，及享受各種優惠。

姓名：________________　性別：□男 □女

出生日期：____年____月____日

職業：□學生　□公務（含軍警）□家管　□服務　□金融　□製造

□資訊　□大眾傳播　□自由業　□農漁牧　□退休　□其他

學歷：□高中以下（含高中）　□大專　□研究所（含以上）

地址：□□□________________

____

電話：（H）____________　（O）____________

E-mail: ________________

購買書名：________________

您從何處得知本書？

□書店　□報紙廣告　□報紙專欄　□雜誌廣告　□DM廣告

□傳單　□親友介紹　□電視廣播　□其他

您對本書的意見？（A／滿意　B／尚可　C／需改進）

內容____　編輯____　校對____　翻譯____

封面設計____　價格____　其他________

您的建議：

____

____

____

臺灣商務印書館

台北市重慶南路一段三十七號　電話：（02）23713712轉分機50～57

讀者服務專線：0800056196　傳真：（02）23710274

郵撥：0000165-1號　E-mail：cptw@cptw.com.tw

網址：www.cptw.com.tw